이 여사의 행복 카페

이 여사의 행복 카페

초판 1쇄 발행 2023. 9. 20

지은이 | 이영옥
펴낸이 | 박서영
펴낸곳 | 한국산문

편집인 | 정진희, 박윤정
디자인 | 이성화

등록 | 제2013-000054호
주소 | 03131 서울특별시 종로구 율곡로6길 36, 207호 208호
전화 | 02-707-3071   팩스 | 02-707-3072
이메일 | koreaessay@hanmail.net

ISBN 979-11-983084-1-2 (03810)
ⓒ 이영옥 2023

값 15,000원

❋ 저자와 협의 아래 인지를 생략합니다.
　저작권자의 동의 없이 내용의 일부를 발췌하거나 인용할 수 없습니다.
　잘못된 책은 바꾸어 드립니다.

이영옥 수필집

이 여사의 행복 카페

한국산문

작가의 말

나누는 행복

　　　어머니의 품은 참 넉넉했습니다. 슬하의 다섯 남매를 포근히 감싸주셨지요. 그런데 어머니의 치마폭에는 우리들만 있는 것이 아니었어요. 겨울이면 어려운 이웃을 위해 김장을 넉넉히 담그며 "김치만 있으면 밥 먹지" 하시고, 여름이면 누구누구가 작년보다 컸다며 동네 아이들 장화를 장만하던 어르신입니다. 해마다 "엄마, 또 해?"라고 물으면 "이게 사는 거지, 이게 행복인 거지." 하셨지요. 물려받은 '나누는 행복'은 이웃과 함께 써야 하는 유산인 것 같습니다. 어머니가 고인이 된 지금 이제는 제가 어른이 될 차례입니다.

삶의 길에서 만난 이들의 아픈 마음은 감싸고 행복한 일은 더 크게 나눌 수 있는, 그렇게 따뜻하고 넉넉한 어른이 되고 싶습니다.

오랫동안 준비해온 글들을 모았습니다. 수필집으로 꾸미고 보니 각 장마다 행복이 색을 달리하며 숨어 있습니다. 퇴근 시간, 지하철에 앉고 선 이들의 삶에도 들어 있음직한 소소한 행복입니다. 『이 여사의 행복 카페』를 읽으며 "내 얘기 같아." 할 지도 모르겠습니다. 나와 비슷한 미소를 가진 이들과 따스한 마음을 나누며 소통하고 싶어 용기를 내 봅니다.

『이 여사의 행복 카페』를 출간하기까지 아낌없는 성원과 격려로 이끌어주신 임헌영, 이재무 교수님 그리고 제 삶을 응원해 주시는 오재원 교수님, 문우 여러분들께 뜨거운 감사를 드립니다. 첫 번째 수필집을 만들어 주시느라 고생 많았던 한국산문 출판국 여러분들께도, 사랑하는 가족 특히 행복의 원천인 손자들에게도 감사한 마음입니다.

추천사

밝게 웃는 얼굴 뒤의 그녀 모습

한 작가의 개성과 정체성을 형성하는 데에는 다양한 요인들이 밑거름된다. 성장환경, 정서적인 상황, 건강 상태, 인간관계 등 그의 내적인 면 외에도 많은 부분이 글의 결에 지대한 영향을 끼친다. 작가는 나의 오래된 포도주와 같은 죽마고우의 아내이다. 이 부부는 캠퍼스 연인이다. 친구와 나는, 전공은 다르나, 같은 대학에 다녔다. 중앙도서관 휴게실 커피 자판기 앞, 유난히 오르기 힘들었던 학교 입구의 긴 계단, 그리고 학생 식당 앞에서 자주 만났는데 그의 옆에는 늘 그녀가 있었다. 오늘의 작가, 이영옥이다. 그 밝은 얼굴은 그동안 별 고생하지 않고 살아온 듯 보였다. 반면 친구는 심각한 모습에 말수까지 적었다. 두 사람의 이 대조적인 모습을 보면서 오히려 잘 맞는 커플이라고 느꼈다. 예전에 친구 집에 놀러 가서 아버님 모시고 어머님께서 차려 주신 밥을 자주 먹었다. 그때마다, 살림은 넉넉지 않지만 두 분 모두 말씀과 자태가 꼿꼿하고 바르셨다는 느낌을 받았다. 작가는 외아들인 남편 집안에서 딸 둘을 낳고 평생 시부모님을 모시고 살았다. 누구에게나 항상 밝은 모습을 보여 주는 긍정적인 성품이기도 하다. 하지만 그 해맑은 외양과는 달리 그녀의 삶은 그리 녹록지 않았을 것이다.

젊은 시절, 남편이 오랫동안 사우디아라비아의 건설 현장에 나가 있었을 때도 작가는 시부모님을 모시고 어린 두 딸을 보살피며 지냈다. 그리고 남편이 귀국하여 생활이 좀 안정될 만할 때였다. 그가 말기 비인강 암을 진단받으면서 절망이 닥쳐왔다. 그러나 그때도 그녀는 강인한 생활력으로 버텨냈다. 그런데 얼마 지나지 않아 그녀 스스로에게도 몹쓸 병이 찾아왔다. 삶의 경계를 오가며 그 누구에게도 말 못할 어려움이 많았겠지만 그녀는 꿋꿋하게 견뎌냈다. 건강 회복 후 남편이 금산, 헝가리, 제주도 등 타지 건설 현장으로 오랫동안 나가 있을 때도 역시 홀로 시어머님을 모시고 아이들을 건사하며 살았다. 그래도 힘든 내색 한번 없이 항상 밝았다. 하지만 그 뒤에 애써 감춘 힘든 모습이 보이는 것 같아 안타깝기도 하였다.

그녀가 독립영화 「미나리」를 수필에 담고 있다. 영화 속 내용과 자신 삶이 중첩되는 장면을 서술하고 있다. 담백해서 더 절절하게 느껴지는 묘사이다.

영화가 시작되고 미국 남부 시골 벌판, 모니카 가족이 사는 트레일러 집 문을 열고 들어온 사람은 여배우 '윤여정'이 아니라 나의 시어머니 '한춘자'였다. 순자가 바리바리 싸 온 고춧가루 봉지, 멸치 담긴 봉지를 딸 무릎에 올려주며 흐뭇해하듯 시어머니 등에도 늘 먹거리가 그득 담긴 가방이 매달려 있었다. 그 묵직한 것을 지고서도 팔순 노인의 걸음은 동네 새댁들이 헉헉거리며 따라갈 정도로 빨랐다. "할머니, 왜 그렇게 빨리 가세요, 힘들어요." 아낙들 투정에 시어머니의 대답은 한결같았다. "싱싱할 때 먹여야 맛있지." 자식과 손주를 향한 무한한 사랑은 순자나 춘자나 같았다…….

모니카의, 아픈 아들을 향한 애간장 녹는 모성애와 소홀해지는 딸에 대한 미안함, 친정엄마에게 불효자라는 아픈 자책감을 때로는 소나기처럼 때로는 가을 들판처럼, 모자라지도 넘치지도 않게 표현한 그녀에게도 찬사를 보낸다. 엄마와 자식을 바라보는 모니카의 촉촉한 눈망울과 마주할 때마다 나도 눈물로 볼을 적셨다.

수필을 읽는 내내 영화가 바로 작가의 이야기로 느껴져 가슴이 먹먹했다.

수필집에서 그녀의 일상생활 속에 스며든 삶의 결을 느끼게 된다. 영화를 보거나 갤러리에서 명화를 만나거나, 차 속에서 베토벤을 듣는 밝고 환한 모습이 있는가 하면 어려운 역경을 이겨낸 강인하고 진솔한 면까지 두루 갖추고 있다. 여기저기에 숨겨져 있는 그녀 삶의 퍼즐 조각들을 맞추어 가는 재미가 제법 쏠쏠하다.

2023년 7월
오재원
한양대학교 의과대학 소아청소년과 교수
한국 꽃가루알레르기 연구협회 회장
저서 『필하모니아의 사계 - 클래식 501』

차 례

작가의 말 … 4
추천사 · 오재원 … 6

1부 영혼의 빛, 예술

삶과 죽음의 경계가 사라진 곳
  - 미켈란젤로「론다니니의 피에타」… 16
스푸마토 날개를 타고 - 이중섭「섶섬이 보이는 풍경」… 24
어둠 속의 빛 - 고흐「감자 먹는 사람들」… 30
고흐를 찾아서 - 아를 여행기 … 36
고흐, 찬란하고 처절했던 마지막 7년
  - 영화「고흐, 영원의 문에서」… 43
빛의 뮤즈, 카미유 -「임종하는 카미유 모네」앞에서 … 49
「친구의 초상」- 이상과 구본웅 … 54
동거…… 할래요? - 이상「권태」… 60
「월광」에 색을 입히다 … 65
나, 너, 우리 그리고 윤여정 - 영화「미나리」… 72
예술인가, 외설인가 … 77

2부 그리움은 진행 중

안사돈들의 살벌 달콤한 동거 … 86

마음에 부는 바람 … 92

한춘자표 김장김치 … 98

엄마의 양념게장 … 104

굴비와 바나나 … 109

Say good-bye … 114

백신과 비자금 … 119

일어나, 힘들어도 지금 일어나 … 125

제사에 대한 인식의 현주소 … 130

긴 세대 … 135

그때, 열네 살이었을 적에 … 140

3부 길에서 행복 줍기

황차, 노을을 품다 … 148
새콤달콤 쌉싸름한 커피 이야기 … 154
나는 민간외교관 … 159
은빛 여왕의 아우라, 따라비 오름 … 165
울퉁불퉁 봉정암 등반기 … 172
마라도와 할망당 전설 … 178
겨울에 만난 초록나무 이야기 … 185
서백당에 노을이 지다 … 190
오리 궁둥이 … 196
타이완 웨딩케이크 … 203

4부 새콤달콤한 인생

봄맞이 진수성찬 … 210
영상통화 … 215
호박이 수박 되던 날 … 221
붉은 립스틱 … 228
고등어 알레르기 … 232
주객전도 … 236
내년 겨울엔 따뜻할 거야! … 241
짠순이, 내 딸의 꿈은 이루어질 수 있을까 … 246
스쿠버다이빙을 하다 … 251
모파상의 「목걸이」와 손자 … 258
바오바브나무와 개구쟁이 … 263

작품해설 · 임헌영 … 268
추천사 · 이재무 … 292

1부 영혼의 빛, 예술

삶과 죽음의 경계가 사라진 곳- 미켈란젤로 「론다니니의 피에타」

스푸마토 날개를 타고- 이중섭 「섶섬이 보이는 풍경」

어둠 속의 빛- 고흐 「감자 먹는 사람들」

고흐를 찾아서- 아를 여행기

고흐, 찬란하고 처절했던 마지막 7년- 영화 「고흐, 영원의 문에서」

빛의 뮤즈, 카미유- 「임종하는 카미유 모네」 앞에서

「친구의 초상」- 이상과 구본웅

동거…… 할래요?- 이상 「권태」

「월광」에 색을 입히다

나, 너, 우리 그리고 윤여정- 영화 「미나리」

예술인가, 외설인가

삶과 죽음의 경계가 사라진 곳
- 미켈란젤로 「론다니니의 피에타」

2022년 4월 24일부터 8월 1일까지 피렌체 오페라 델 두오모 박물관에서 미켈란젤로의 「바티칸 피에타」 「반디니 피에타」 그리고 「론다니니의 피에타」가 전시된다는 소식이 들렸다.

반가움보다 놀라움이 앞섰다. 이렇게 미켈란젤로의 3대 피에타상이 한자리에 모이는 것은 처음 있는 일이다. 미켈란젤로 부오나로티는 레오나르도 다빈치와 더불어 르네상스를 대표하는 예술가이다. 천재라 불리는 그의 청년기로부터 88세 죽음에 이르기까지, 시기별로 변화하는 조각에 대한 예술적 감각을 한자리에서 볼 수 있다니!

무엇보다 가슴 뛰는 것은 생각만으로도 연민과 그리움이 피어오르는 「론다니니의 피에타」가 그 자리에 있다는 것이다.

2006년부터 해를 바꿔가며 미켈란젤로의 피에타상들을 보게 되었다.

바티칸 성 베드로 대성당에 있는 「바티칸 피에타」 앞에 섰을 때, 이 작품이 24세 청년의 창작품이라는 것이 믿기지 않았다. 완벽한 삼각형 구도의 안정감, 부드럽게 흐르는 마리아의 옷 주름과 대비되는 벗은 예수 몸의 밋밋함, 산 자와 죽은 자가 이루는 수평과 수직의 선 나눔. 그 외에도 수많은 미켈란젤로의 천재성이 관람자의 탄성을 자아내며 발현되고 있는 작품이었으며 가까이 가기조차 어려운 성스러움이 있었다.

피렌체 오페라 델 두오모에 있는 「반디니 피에타」는 미켈란젤로가 자신의 무덤에 놓기 위해 제작했다던 미완성 조각상이다. 니고데모가 스러지는 세 사람(예수와 성모 마리아 그리고 막달라 마리아)을 뒤에서 받치고 있는 이 작품 또한 삼각형 구도로 안정감을 보여주고 있었다.

조각은 물론 화가로도 건축가로도 위대한 업적을 남긴 천재 미켈란젤로, 그는 내가 바라다볼 수도 없는 거리 저편에 존재하고 있었다. 「론다니니의 피에타」를 만나기 전까지는 말이다.

2015년, 이탈리아 밀라노 스포르체스코 성 미술관에서 미켈란젤로의 마지막 작품 「론다니니의 피에타」를 만났다. 이 작품은 조각가가 영면에 들기 며칠 전까지도 잡고 있었다던 미완성 작품으로 '죽은 예수와 그를 안은 마리아'를 담은 조각상이다. 피에타상은 번쩍이는 화려함도 북적이는 인파도 없이 흰 벽으로 둘러싸인 자그마한 전시실에 조용히 서 있었다. 우리 부부도 침묵하며 가만히 작품 앞에 섰다.

죽은 예수와 뒤에서 그를 안아 부축하고 있는 마리아가 서 있었다. 완벽한 삼각형 구조로 안정감을 주었던 다른 피에타상과는 달리 이 작품은 불안한 수직 구도를 이루고 있었다. 심지어 예수 옆구리 쪽에 세워진 미완성의 대리석 조각이 아니었으면 금방이라도 쓰러질 것처럼 보였다. 분명 살아 있는 마리아가 죽은 예수를 안고 있는 조각상이건만 오히려 예수가 노쇠한 마리아를 업고 있는 것으로도 보였다. 모자의 얼굴 윤곽선도 흐릿했다. 분명한 것은 조각상 안에서부터 밀려 나오는 슬픔이었다. 그 애잔함만이 또렷한 모습으로 내 가슴에 푹 파고들었다.

"나와 어머니를 보는 거 같아."

한동안 작품을 바라보던 남편이 낮은 목소리를 냈다. 이심전심이었다. 감상하는 내내 그이와 내가 같은 마음이었다는 것을 깨달으며 가만히 숨을 멈추었다.

1996년, 세상 무서울 것 없이 승승장구하던 서른아홉 살의 남편에게 날벼락이 떨어졌다. 비인강암 말기라고 했다. 암 중 유일하게 '완치 가능'이라는 단어를 붙일 수 있는 병이었지만, 환자가 너무 젊기도 했고 이미 임파선으로 전이가 된 상태라 의사는 말을 아꼈다. 급하게 치료가 시작되었고 시어머니에게는 '말기'를 비밀로 했다. 어머니는 오래전에 이미 이러저러한 까닭으로 아들 둘을 잃었다. 또다시 심장이 조각나는 공포 앞에 서게 할 수는 없었다.

피에타상 뒤편으로 돌아갔다. 미완성이라 그런가? 예수와 마리아의 몸이 한 몸처럼 이어져 있었다. 그런데 그 모습이 더욱 가슴을 울렸다. 마치 그 모자에게 삶과 죽음의 경계는 부질없음을 말하고 있는 것 같았다.

2차 치료가 시작되면서부터 남편은 '직립'이라는 인간 고유의 특징을 잃었다. 투여되는 항암치료제는 상상 밖으로 독했고, 그로 인해 탄탄하기만 했던 그의 육신은 허물을 벗듯 쓰러져 갔다.
　어머니는 울지 않았다. 온종일 불 앞에서 죽을 끓였다. 깨죽·잣죽·소고기죽·전복죽, 단백질 보충에 도움이 된다는 식재료라는 식재료는 모두 구해다 끓이고 또 끓여 병원으로 보내주었다. 어머니와 아들은 다시 탯줄로 이어진 형상을 하고 있었다. 어머니는 몸 안에 품은 자식 살리는 길을 잘 알고 있는 것 같았다. 눈물만으로는 살릴 수 없는 것이었다.

　한 바퀴 돌아 다시 조각상 앞에 섰다. 곧 쓰러질 듯 무릎이 꺾여 있는 예수를 힘겹게 그러나 단호하게 마리아가 안고 있다.

　새벽이면 늘 어머니가 일어난 자리에는 길고 긴 천주 염주가 놓여 있었다. 새벽시장에서 부엌으로 줄달음을 치며 한밤중까지 당일 먹일 죽을 끓이고 면포에 걸러 다시 끓여 놓는 분이 잠을 아끼며 염주를 돌리셨다.
　남편도 울지 않았다. 방사선 치료로 인한 화상으로 목구

명의 살점이 다 헤지고 뭉그러졌다. 물 한 모금 넘기는 것도 끔찍한 아픔이겠건만 그이는 어머니가 끓여주는 미음 한 그릇을 다 넘기고 쓰러졌다. 고통으로 쓰러진 그의 몸은 땀범벅이었다. 떠먹여 주던 나도 땀으로 흠뻑 젖었다. 그걸 하루에 스무 번 가까이 했다. 먹고 쓰러지고 마시고 쓰러졌다. 혈관이 다 숨어버려 영양제 링거도 맞지 못하는 상황이었기에 어머니의 미음만이 살길이었다.

예수와 마리아의 슬픈 얼굴을 가만히 올려다보았다. 그런데 모자의 얼굴에 절망만 있는 것이 아니었다. 예수는 그의 왼쪽 어깨를 잡은 어머니의 손에 얼굴을 부비고 싶어 하는 것 같았고 마리아 역시 그런 아들을 조심스레 내려다보고 있었다. 마치 어머니의 고통을 위로하고픈 예수의 모습이며 그런 아들에게 난 괜찮아 하고 속삭이는 마리아의 형상인 것 같았다.
남편은 그 앞에서 먹먹한 얼굴로 서 있었다.

4차 치료 결과를 본 의사가 비로소 '완치 가능'을 말해주었다. 쓰러질 듯 내 몸에 기댄 남편을 부축해 들어선 대문 안 마당에 어머니가 서 있었다. 남편은 눈만 남은 얼굴에 웃음을 띠우며 떨리는 손을 들어 어머니에게 엄지손가락을 세워 보였다. 큰 숨을 들이켜며 환하게 웃던 어머니는 얼른 돌아서 안채로 들어갔다. "한술 뜨자."는 변명을 남겼지만 급한 몸짓은 아들에게 눈물을 들키기 싫기 때문이라는 것을 아들도 알고 있었다. 그 후의 치료 과정은 더욱 힘들어 응급실에서 살다시피 했지만 '완치'라는 희망의 불꽃은 우리를 밝게 비추고 있었다. 그렇게 항암 6차와 방사선 32차 치료까지 무사히 마친 5월 어느 날이었다. 어머니는 연두색 실크를 끊어 와 폭신하게 튼 솜을 넣고 손수 차렵이불을 만들었다. 대지의 봄 같은 연두색 이불을 덮고 건강하게 살아달라는 염원이 담긴 이불이었다.

 전시실에 일본인으로 보이는 중년 남녀가 들어왔다. 그들에게 침묵의 공간을 양보하며 조용히 빠져나오다가 문득 돌아다보았다. 모자상이 저들의 가슴에서는 어떤 사연을 꺼내 보여주고 있는지 궁금했기 때문이었다. 그들도 만감이 교차되는 표정으로 피에타상 앞에 서 있었다.
 「론다니니의 피에타」는 내 가족과 이웃의 모습으로 다가와 삶과 죽음의 경계가 무엇인지, 그리고 모성이 무엇인지를 깨닫게 해주었다. 어쩌면 이 작품이야말로, 인생이라는 길에서 생로병사를 다 겪어낸 노년의 미켈란젤로가 내놓은 최고의 걸작품이 아닐까 하는 생각이 들었다.

  딩동 소리와 함께 남편에게서 문자가 들어왔다.
  이번 피렌체 전시회를 마치면 가을에 밀라노에서 2차 전시를 한다는 소식이 담겨 있다.
  피렌체 오페라 델 두오모에서가 될지, 밀라노 스포르체스코 성에서가 될지, 정확한 장소는 모르겠으나 「론다니니의 피에타」를 조만간 다시 만날 수 있을 것 같은 기대감에 가슴이 뛴다.

스푸마토 날개를 타고
- 이중섭「섶섬이 보이는 풍경」

　　오래전, 루브르 박물관에서 레오나르도 다빈치의 「모나리자」를 멀리서 보았다. 키 크고 어깨 넓은 여러 인종의 사람들 사이에서 작은 동양 여자인 내가 할 수 있는 일은 저만치 뒤에서 그들의 머리 위로 보이는 그녀의 모습을 간신히 잡을 뿐이었다. 그런데 참 고마웠던 것은 모나리자가 나를 발견해 주었다는 것이다. 검은 눈동자가 나와 마주치던 순간 그녀는 '따스한' 미소를 지어주었다. 십수 년이 지나도록 그녀의 미소가 생생하게 떠오르는 까닭을 이렇게 생각했다.

'까치발로 서서 땀까지 흘려가며 보려고 애를 써서 그럴 거야.'

그런데 그것이 레오나르도 다빈치의 천재적 장치인 스푸마토 기법에 기인한 것임을 알았을 때 머릿속에서 뻥 소리가 났고, 순간 외계로 날아가 버리는 것 같았다. 나는 그림을 본 것이 아니라「모나리자」를 그렸던 것이다. 스푸마토란 화가가 윤곽선을 흐리게 지워 관람자의 머릿속에서 그림을 완성하게 하는 기법이다. 레오나르도 다빈치는 내 손에 슬쩍 붓을 쥐어주었고 나는 그녀의 미소를 '따스함'으로 마무리했던 것이었다. 아무리 오랜 시간이 지난다 한들 내가 그린 그림을 어찌 잊을 수 있으리오. 아마도 그녀의 미소는 천변만화하며 세계인의 가슴에 생생히 남을 것이다.

그리고 오늘 제주도에서 또 한 번, 화가 이중섭이 쥐어주는 붓을 잡게 되었다.

제주행 비행기를 탈 때마다 즐거운 건 주말부부인 남편을 만나러 간다는 기쁨도 있지만 서귀포에 이중섭미술관이 있기 때문이다. 게다가 이번 방문에서는「섶섬이 보이는 풍경」을 볼 수 있다기에 더욱 설레었다.

 이중섭의 작품에는 고향이 있다. 해변을 나는 새들과 함께 감귤도 따고 새도 탄 어린이들이 환상의 세계로 이끄는 「서귀포 환상」, 그리고 온 가족을 소달구지에 태우고 황소를 끌며 행복의 나라로 가는 「길 떠나는 가족」을 보고 있노라면 가슴이 따뜻해지고 몸이 나른해진다. 물론 게와 어우러진 아이들이 있는 그림이나, 물고기나 닭과 함께하는 가족을 담은 작품 모두가 그렇다. 포근한 그림이 가득한 이 미술관에서 나는 마음의 고향을 느끼곤 한다. 다만 아쉬웠던 것은 「섶섬이 보이는 풍경」을 볼 수 없었다는 것이다. 그런데 2021년 봄, 고 이건희 유족이 이 작품을 서귀포 미술관에 기증한다는 반가운 소식이 들려왔다. 봄과 여름 내내 섶섬이 보이는 올레6길을 서성이며 9월을 기다렸다.

 추석을 앞둔 초가을, 제주도에 도착하자마자 미술관을 찾았다. 두근거리던 심장이 이중섭의 숨결로 빚어진 「섶섬이 보이는 풍경」 앞에서 얌전해졌다. 진품은 복사본이나 액정 사진에서는 볼 수 없었던 부드러운 붓질의 질감을 고스란히 담아내고 있었다. 작품을 보고 있자니 잊고 있던, 자주 아팠던 어린 시절 엄마 품에 안겨 머리를 기댔을 때의 안온감이 밀려왔다.

　작품은 41cm×47cm 크기의 합판 유채화이며, 구도는 위에서 내려다보는 부감법俯瞰法으로 가까운 산에서 먼 곳을 바라보는 짜임새를 갖고 있다. 화면 중앙에는 파도를 잠재운 푸른 바다가 맑고 고요하다. 바다 앞쪽에는 가을을 맞은 황토색 마을이, 건너편에는 파초일엽을 덮어 쓴 초록의 섶섬이 있다. 섬 앞쪽 해변에는 풀 없이 민둥한 수직바위가 파도처럼 차례로 높이를 올리고 그 희끗한 얼굴로 바다 건너 마을을 고즈넉이 바라보고 있다. 만나지 못하는 섬과 육지의 안타까움을 알았을까? 화면 양쪽 누런 잎을 인 진갈색 아름드리나무가 구름 낀 하늘까지 팔을 뻗어 둘을 감싸주고 있다.

　작품 앞에 선 나의 눈길이 농가의 지붕 위를 매끄럽게 지나 초가집 사이 전봇대를 넘었다. 다음 순간, 육지 끝 둔덕의 작은 집을 저 아래에 두고 선뜻 바다를 건너 섬 가장 높은 파고의 수직바위 위에 자연스레 얹힌다. 그때였다. 수직바위 위에 얹혔던 내 시선이 마치 빛이라도 된 듯 반사되고 있었다. 순간 숨이 막혔다. 모나리자의 미소가 아닌가.
　스푸마토다!

바다를 건너기 전 무심코 마을 위로 넘어가 버렸던 눈길이 반사각으로 되돌아와 둔덕 굽은 길을 순식간에 훑고 농가 황금색 지붕 아래로 쑥 들어갔다. 나를 잡아채는 스푸마토의 날개를 타고 들어간 그곳, 돌담이 둘러쳐진 좁은 골목길에는 마을 아낙네들이 모여 두런거리고 있었다.

"지슬(감자) 들렁(들고) 어디 감수광?"

"피난 온 태성이네 아방이 우리 아들 얼굴을 그려줘수다. 고마운디 뭐 줄게 이서사주."

"아니, 그 사람 사진 얼굴은 안 그린댄 안 해수과?"

"전쟁터에서 죽은 아들인디 제상에라도 온전한 얼굴을 올리고 싶댄 허난 그려 줠게 마씸."

"게믄 나도 매달려 보카 마심? 사진 가정(가지고) 나도 가봐사쿠다."

고무신도 채 못 신고 뛰어가는 아들 잃은 어머니들의 뒷모습이 보이고 쿵쾅거리는 그들의 심장 소리가 처마를 맞댄 초가지붕 아래 골목길에 울려 퍼진다. 어느새 나도 초로의 여인들 뒤를 따르고 있다.

이중섭은 소와 풍경화를 주된 주제로 삼았던 반면, 소묘의 기량이 출중했음에도 초상화는 그리지 않았다. 하지만 제주도에서 한국전쟁 때 죽은 젊은이들의 원혼과 그들 부모의 원통함을 달래주고자 불귀의 세 청년 얼굴을 그려주었다고 한다. 이 초상화가 이승과 저승의 가교가 되어 산 자의 아픔을 어루만져 주었으리라고 믿어 의심치 않는다.

스푸마토가 관람자의 머릿속에서 작품을 완성하는 것이 궁극의 목적이라면 이중섭 역시 일종의 스푸마토 기법을 쓰고 있는 것이 아닐까 생각해 본다. 부감법으로 관람자의 시선에 자연스러운 흐름을 주어 작품의 스토리텔링을 완성하게 하는 것 말이다. 그리하여 이 작품은 누구에게는 '그리움'으로, 또 다른 이에게는 '슬프고도 아름다운 풍경'의 그림 등으로 끝없이 그 모습을 바꾸며 거듭날 것이다.

나는 오늘 이중섭이 쥐어주는 붓을 들고 아픔과 치유로 마무리한 「섶섬이 보이는 풍경」을 그렸다. 영영 잊히지 않을 나의 그림이 될 것 같다.

어둠 속의 빛
- 고흐 「감자 먹는 사람들」

　　　제주 〈빛의 벙커〉 미디어아트전에서 고흐의 작품을 만났다.

　아를과 생레미 정신병원에서 화가의 세계를 접했던 것이 2016년이었으니 그립던 차였다. 5년 만의 재회를 위해 서둘러 벙커의 장막 속으로 들어섰다.

　노란 해바라기가 스러지자 어두움이 몰려왔다. 암전으로 컴컴한 홀의 벽면에 검은 점 하나가 둥글게 번질 때 「감자 먹는 사람들」인 것을 직감했다. 순식간에 화면을 채운 침침

한 농가의 식탁에는 호롱불만 희미하다. 떠오르는 그림을 향해 숨죽여 다가섰을 때 빛으로 꿈틀거리는 농부의 손이 올라왔다. 순간 나는 뒷걸음을 쳤다. 물감의 두터운 질감과 이미지가 놀랍도록 강렬했기 때문이다. 빔 프로젝터로 재생되는 작품의 효과는 상상을 뛰어넘고 있었다.

「감자 먹는 사람들」은 고흐가 그림에 입문했던 네덜란드에서의 초기작으로 114cm×82cm의 대작이며 현재 암스테르담 빈센트 반 고흐 국립미술관에 소장되어 있다. 그림의 내용은 화가가 보리나주 탄광촌에서 보았던 보통사람들의 삶이다. 이는 자연과 함께 순수한 삶을 사는 농부들의 생활을 묘사하고자 했던 고흐의 일념이 담긴 대표작이다.

화면의 구성은, 비좁은 방에 놓인 식탁을 두고 양옆에 자리한 인물과 중앙 안쪽에 앉은 두 사람 그리고 맨 앞에서 등을 보이고 앉은 소녀와 정중앙에 낮게 달린 등불이 전부이다. 화가는 녹록지 않은 이 구도 안에서 인물들이 나타내는 감정의 연계성, 농민들의 가난한 삶, 그럼에도 환경에 굴복하지 않는 당당함을 나타냈다. 고된 농사일을 마친 저녁, 가족들이 희미한 등잔불 아래 찐 감자를 둘러싸고 옹기종기 앉았다. 빈곤한 농민들의 현실이다. 그러나 감자를 나누는,

옹이가 굵게 박인 울퉁불퉁한 손은 그들의 정직한 삶을 대변하고 있다. 감자에서 느껴지는 김이 뜨겁다. 화면 좌우 인물에서 볼 수 있는 고된 일과와 그 힘든 하루를 따뜻하게 녹여주는 두 여인의 표정과 눈빛에서 인물화의 대가인 고흐를 만난다.

  고흐가 평생 추구한 그림의 주제는 인물화와 풍경화였다. 그중 인물화는 입문 초기에 몰두했던 주제로 그는 인물을 통해 뿌리 깊은 고뇌와 감정을 절실하게 전달하고자 했다. 이를 위해 해부학 원근 비례에 관한 공부를 하고 수백 점의 인물을 그렸다. 심지어 3명의 여자 재봉사가 있는 그림을 위해 재봉사 90명을 그렸다고도 한다. 파리 생활 이후 고흐의 인물화에 대한 열정은 풍경화로 옮겨 가는데 그의 풍경 그림 속에는 반드시 사람의 흔적이 있다. 인간에 대한 고흐의 사랑은 끝없이 깊었다.

  「감자 먹는 사람들」은 고흐가 인간에 대해 혼신을 기울여 연구했던 모든 것이 응집된 작품이며 완성하기까지 56회의 습작 과정을 거쳤다고 한다. 이 그림에 대한 고흐의 애정과 자부심은 테오에게 보낸 편지에 잘 나타나고 있는데 이는 단순한 치기가 아닌 뼈를 깎는 노고로 완성된 열매에 대한 사랑이었다. 이 작품은 고흐가 동생 테오의 생일 축하 선물로 시작한 것이나 때에 맞추지 못했다. 하지만 완성 후 매우 만족해 테오에게 송달하며 동봉하는 편지에 작품을 걸어놓을 장소의 배경까지 주문했다.

> 이 그림은 황금색과 잘 어울릴 것이야. 그림자를 푸른색으로 칠했기 때문에 황금색이 이것을 돋보이게 해준다. 흐리거나 검은색 배경은 작품의 질감을 죽일 것이야.
> ―『반 고흐, 영혼의 편지』중에서

이 작품을 발표했을 때 사람들이, 특히 팔과 손에 관해 인체의 비율이 안 맞는다고 하거나 어두운 화면을 혹평하며, 심지어 쓰레기 같은 그림이라고 악평을 했어도 고흐는 흔들림이 없었다. 오히려 이렇게 장담하였다.

> 언젠가는 「감자 먹는 사람들」이 진정한 농촌 그림이라는 평가를 받을 것이다. 그들 특유의 거친 속성을 살려내는 것이 더 좋은 결과를 낳을 것이다.
> ―『반 고흐, 영혼의 편지』중에서

찰스 디킨스는 이 그림에 대하여 농민들의 삶을 통해 당대의 사회상을 담고자 했다는 평을 내놓았으며, 현재 미술 평론가들은 노동의 신성함을 표현했다고 평한다. 화가의 예언처럼 그의 사후 130년이 된 지금 이 그림은 가장 사랑받는 작품 중 하나로 세계인의 가슴에 새겨져 있다.

그런데 고흐는 「감자 먹는 사람들」 속 인물로 인해 거센 풍파를 겪었다. 이 작품은 뉘런에 사는 한 가족을 모델로 그린 것인데 그림 속 여인이 고흐를 마을에서 쫓아내고 말았다. 화면 왼쪽의 가장인 듯한 남자를 순진한 표정으로 바라보는, 왼쪽에서 두 번째 인물 흐룻이라는 여자이다. 작품 완성 후 어느 날 미혼이었던 그녀가 임신을 했는데 애기 아빠로 고흐가 지목되었다. 고흐는 결백을 주장했지만 정작 흐룻이 침묵했고 급기야 신부님은 마을의 어떤 사람도 그의 모델이 되어서는 안 된다는 공개 경고를 내렸다. 화가에게는 치명적인 사건이었다. 마을 사람들이 모델이 되어주기는커녕 그를 피해 다니는 지경에까지 이르고 결국 고흐는 그곳을 떠나게 되었다. 그가 뉘런을 떠날 때쯤 흐룻은 아기 아빠가 그녀의 사촌이었다는 것을 고백했다. 고흐는 어이없는 사건에 휘말려 벨기에로 쫓기듯 가지만 곧 프랑스로 옮겨가 후기 인상주의로서의 초석을 다지게 될 인상주의를 만나게 되었다. 가히 전화위복이라 할 수 있다.

 진실하고 정직한 삶을 보여주고 있는 「감자 먹는 사람들」을 보고 있자면 문득 그 식탁은 우리 가족들로 채워지기도 한다. 화면 양옆에는 일제 강점기와 한국전쟁을 겪으며 고된 삶을 살아냈던 친정 부모님이 자리한다. 어둑한 저녁시간, 어머니는 둥근 상에 김이 오르는 찌개와 찬을 올렸고 언니들과 오빠, 동생이 그 상에 둘러앉았다. 다섯 개 숟가락을 반찬으로 채워주던 아버지와 "당신부터 잡숴요." 하면서도 흐뭇해하던 어머니였다. 나는 그 밥상에서 무한한 사랑과 함께 절제와 배려를 배웠다. 그리운 추억이다. 이 작품 앞에 서면 어김없이 가슴이 찌르르 울리며 훈훈해진다.
 '나는 인류에게 어떤 도움을 줄 수 있을까.'
 고흐가 죽는 순간까지 붙잡았다던 명제이다. 그가 인류에게 주고 싶다던 도움이 혹 그가 염원했던 '사람을 감동시키는 그림을 그리고 싶다'에 닿는 것이라면 나는 염화시중의 미소를 지을 것이다. 한파 몰아친 추운 겨울날 이 유채화 앞에서 이리 따뜻해지니 말이다.

고흐를 찾아서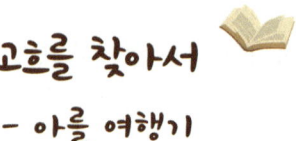
- 아를 여행기

  2016년 9월, 설레는 마음으로 바르셀로나 공항에 도착했다.
 이번 여행은 우리 부부가 오래전부터 계획했던 것으로 테마는 19세기 예술의 거장들, 특히 고흐의 작품 탐방이었다. 스페인에서 가우디와 피카소의 예술품을 보고, 프랑스 '빛의 채석장'에서 샤갈전을 감상한 뒤 생폴 정신병원이 있는 생레미로 갔다. 이번 여행의 백미인, 꿈에도 그리던 고흐의 세계로 들어가는 길이었다.

고흐의 작품은 생레미의 생폴 정신병원 박물관과 아를 두 곳에서 전시되고 있었다. 우리는 먼저 그의 말기 작품이 있는 박물관을 방문했다. 놀랍게도 그림들은 작가가 그것을 그렸던 장소에 비치되어 있었다. 작품「아이리스」를 병원 앞 숲길에서 만났다. 화가가 그곳에서 매일 보던 꽃을 그렸다고 했다. 9월이라 꽃은 낙화했지만 나는 그 숲에서 싱그러운 보랏빛 붓꽃을 느낄 수 있었다. 그것은 이제껏 느껴보지 못한 커다란 감동의 체험이었다. 일상에서 얻는 소재! 글의 소재도 나와 가까운 곳에서 구했을 때 더욱 진솔한 글이 되리라는 깨달음을 얻었다. 박물관 입구에 우뚝 선 사이프러스나무 앞에서는 나도 고흐처럼 태양을 향해 다가가는 불꽃이 되었고, 「자화상」이 걸린 병동에서는 아픈 마음을 싸안고 망연히 서 있었다. 아쉬운 마음으로 생폴 정신병원에서 나와 아를로 향했다. 그에게 행복을 선사했던 유일한 곳, 아를로 가는 길에는 아름다운 프로방스가 펼쳐져 있었다.

남프랑스 론강 하류에 위치한 아를은 태양의 축복이 가득한 곳이다. 1년 365일 중 300일 정도가 맑아 기후도 좋고 땅도 기름진 곳이다. 2,000년 전, 고대 로마인들은 이곳에 원형경기장과 공중목욕탕을 만들어 천혜의 자연을 즐기고 휴식을 취했다. 지금의 아를은 마을 전체가 고흐의 작품으로 구성되어 있다.

150여 년 전, 고흐는 파리의 긴 겨울과 음습함을 피해 햇빛 가득한 이 남쪽마을로 왔다. 그가 37년의 짧은 생애 속에서 남긴 그림 900점과 습작 1,100점 중 200점을 이곳에서 그렸다. 「밤의 카페테라스」「별이 빛나는 밤에」「해바라기」 등 걸작들이 탄생한 곳이기도 하다. 때문에 고흐의 아를 시절을 '고흐 그림의 개화기'라고도 한다. 또한, 비록 고갱과의 불화로 그의 꿈이 무참하게 깨져버렸지만, 고흐가 고갱과 함께 화가 마을과 후진 양성을 꿈꾸며 집을 지었던 곳이기도 하다(「노란 집」).

「론강의 별이 빛나는 밤」 풍경을 기대하며 두근거리는 가슴으로 론 강변에 도착했다. 그런데 웬일인지, 그곳은 뼛속까지 스미는 찬 바람만 윙윙거릴 뿐 오가는 사람도 없이 삭막했다. 놀란 마음에 강둑에서 내려와 리프블라크 광장을 찾아갔지만 그곳 역시 물기와 쓰레기로 지저분했다. 어둠이 밀려드는 곳에 오벨리스크가 스산한 모습으로 우두커니 서 있었다. 적막강산인 마을 모습에 나는 아연실색하고 말았다. 불현듯 IS가 생각났다. 그들이 얼마 전 프랑스 니스 트럭 테러와 성당 테러를 저질렀는데, 사건이 일어난 니스해변은 지난해 우리가 산책하던 곳이라 더욱 끔찍했다. 문득, 이번에 국경을 넘어올 때 프랑스 여경에게 검문을 받았던 것이 생각났다. 내 머리와 얼굴에 둘렀던 스카프 때문이었다. 우리는 무사히 통과했지만, 범죄단체 때문에 이 관광지에 방문자조차 없는 것인가 싶어 섬뜩해졌다.

「밤의 카페테라스」에 등장하는 카페를 찾아가는 길에는 이정표도 행인도 없었다. 무서워서 돌아가고 싶었지만 이리저리 길을 찾느라 땀 흘리는 남편을 보며 꾹꾹 참았다. 어렵게 찾은 카페 앞에서 나는 또다시 망연자실하고 말았다. 대체로 유럽의 주택가와 상가는 일찍 어두워지지만 카페 거리는 늦도록 불빛이 출렁인다. 여행객과 현지인이 낭만을 빌미로 자연스럽게 어울리는 곳이기도 하다. 그런데 아를의 중심가는 어두웠고, 작품 속에 등장하는 카페에도 몇 사람만 있을 뿐 음울하고 음산했다. 150년 전, 노란 가스등과 별들이 찬란한 빛을 다투던 그곳이 아니었다. 오늘 이곳은, 고흐가 희망에 들떠 노란 집을 꾸몄던 아를이 아니라, 고갱에게 배신당한 절망 때문에 귀를 잘랐던(「붕대를 감고 파이프를 물고 있는 자화상」) 아를의 모습이었다. 남편의 등을 떠밀어 호텔로 돌아왔다. 그 밤, 충격이 얼마나 컸는지 식사도 못 했고 잠자리에서도 밤새 뜬눈으로 뒤척였다. 다음 날 아비뇽성당을 방문했지만 마음은 아를을 맴돌았다. 성당을 돌아보는 내내 두 발이 공중에서 허우적거리는 것처럼 불안했다. 그런데, 아비뇽다리에서 내려왔을 때 갑자기 남편이 아를을 향해 핸들을 꺾었다. 이심전심, 역시 30년 넘게 산 연인이었다.

어제와 같으면 어쩌나, 내심 노심초사하며 되돌아간 길이었다. 그런데 이게 어찌 된 일인가? 아를은 하룻밤 사이에 돌변해 있었다. 론강은 하얀 햇살 아래 푸른 몸을 뒤척였고 화사한 햇빛을 받는 거리는 사람들로 가득 차 있었다. 볼을 꼬집어보았다. 꿈을 꾼 건가? 아무리 생각해 보아도 이유는 알 수 없었다. 다만 황량했던 마을이 흔적도 없이 사라지고 내가 꿈꾸던 태양과 색채의 도시 아를이 거기에 있었다. 들뜬 마음으로 마을 입구 광장에 비치된 안내판 앞에 섰다. 격앙된 목소리로 방문 순서를 정하자 그가 안도의 미소를 지으며 고개를 끄덕였다.

'노란 집'과 '아를의 정원' 그리고 로마인들의 함성이 들릴 것 같은 원형경기장을 찾아 뛰어다니며 하루를 보냈다. 그리고 해거름 무렵 '밤의 카페'로 찾아들었다. 입구에 놓인 「밤의 카페테라스」를 바라보다 문득 두리번거렸다.

'혹시 고흐가 저 이젤 앞 노란 의자에 앉아 붓을 놀리고 있지 않을까?'

황당한 생각에 실소할 때였다. 작품 속 이미지가 하나둘 움직이는 것이 아닌가!

흰 옷의 웨이터가 테라스 중앙에서 주문을 받고, 검은 옷을 입은 사나이가 카페 안으로 들어가고 있다. 앞쪽 둥근 테이블에 나란히 앉은 연인들은 담소가 즐겁다. 어느새 어스름한 밤이 깃들고 노란 불빛이 카페를 감싼다. 건너편 건물 창문에서 번져 나오는 전등 빛도 따스하다. 그리고 아, 밤하늘에 나타난 영롱한 별무리!

드디어 「밤의 카페테라스」가 완성되었고 나는 고흐의 그림에 온전히 들어앉았다.

화가는 작품을 완성하고 이렇게 말했다.

> 테라스를 밝게 비추어주는 가스등. 그 빛은 행복과 희망으로 가득 찬 빛, 노란빛으로 표현했습니다. 노란빛은 평화로운 행복의 빛입니다.
> ─『빈센트 반 고흐, 내 영혼의 자서전』중에서

아를.

고흐에게 불꽃같은 희망과 번뜩이는 영감을 주었던 아를에서 나도 행복했다.

고흐, 찬란하고 처절했던 마지막 7년
- 영화 「고흐, 영원의 문에서」

이제껏 관람을 위해 이렇게 애를 써본 영화는 없었다.

「고흐, 영원의 문에서」는 2018년 베네치아국제영화제 출품작이며, 주연으로 열연했던 윌렘 대포가 볼피컵 남자 연기상을 수상했다. 그런데 이렇게 작품성 높은 영화임에도 불구하고 상영하는 곳이 드물어 관람은 차치하고 상영관 찾기부터가 어려웠다.

그러나 고생에 대한 보상은 놀라웠다.

아를에서 오베르 쉬르 우아즈까지, 고흐의 마지막 7년간의 삶을 담아낸 이 영화 앞에서 나는 무아지경에 빠졌다. 감독과 출연진에게 기립박수를 보내고 싶은 수작 중의 수작을 만난 것이었다.

고흐는 후기 인상주의를 대표하는 화가이다. 평소 좋아하는 그의 그림을 감상하자는 가벼운 마음으로 영화관에 들어섰다가 나는 충격에 빠졌다. 아방가르드 영화가 이런 것인가!
줄리안 슈나벨 감독이 초현실주의 기법으로 제작한 영화는 내용과 분위기가 종래의 것과는 확연히 달랐다. 감독은 고흐의 임파스토 기법*을 그의 스크린에서 그대로 구현코자 한 것 같았다. 화면은 온통 살아 꿈틀거리고 있었다. 주인공 윌렘 대포 역시 관람객의 심장을 쥐락펴락했다. 그는 완벽하게 "나는 그림 속에서 사는 것 같다."고 말하는, 천재여서 슬프고 아픈 고흐가 되어 있었다. 영화는, 화가 스스로가 "나는 그림으로 최고의 정점에 이르렀다."던 아를의 시기와 정신질환이 심했던 생레미 시절, 그리고 죽음을 맞이한 오베르까지를 그려냈다. 37년의 짧은 생애 중 가장 찬란했고 동시에 가장 처절했던 7년간만을 썩 도려내 보여주고 있었다.

순간 전광석화처럼 내 가슴에 꽂히는 것은 '임팩트 있는 스토리텔링 기법'이었다. 글을 쓸 때 늘 망설이던 '범위'에 관한 고민이 해결되는 순간이었다. 모든 예술은 한 어머니의 자손인 것이다.

110분의 러닝 타임에 등장하는 주요인물은 다섯 손가락 안쪽이다. 고흐, 고갱, 테오, 지누 부인 그리고 요한나이다. 요한나는 고흐의 작품을 훼손 없이 보존해준 테오의 아내이다. 하지만 그녀도 한두 컷에만 등장할 뿐, 최소한의 인물로 크랭크 인 된 영화는 집요하게 고흐라는 인간 내면의 정서에 초점을 맞추고 있다. 시종일관 화면을 가득 채운 윌렘 대포의 파란 눈은 나에게 최면을 걸고 있었다. 다다이즘적이며 아방가르드한 그 동공瞳孔 앞에서 나는 롤러코스트를 탄 듯 속이 메슥거렸다.

아를의 풍경 역시 몽환적 기법으로 처리되고 있다. 산도 나무도 윤곽만 있을 뿐 그것마저 형체를 제대로 이루지 못하고 뿌옇게 흔들리고 있었다.

아를은 1년 중 300일가량 햇빛이 찬란해 좋은 품질의 와인 생산지이며 생명의 원천인 론강이 흘러 풍요로운 곳이다. 축복의 땅인 이곳에서 고흐는 200여 점의 그림을 그렸다. 「별이 빛나는 밤」 「해바라기」 「밤의 카페테라스」 등, 수많은 걸작이 탄생된 곳이기도 하다.

하지만 영화에서는 아를의 경관도 고흐의 작품도 화면에 스쳐 지나갈 뿐 앵글의 초점은 고흐라는 인물만 선명하게 잡고 있다. 불타는 창작욕이 불안과 이상행동으로 표출되고 있는 고흐의 내면에만 관객이 집착하기를 감독은 바라고 있다. 어지러울 지경이다.

영상 표현도 시종일관 클로즈 숏이나 클로즈업이다. 주연은 물론 등장하는 모든 배역진들의 내면 심리도 강하게 표현하고 있는 것이다. 드물게 잡히는 하이 앵글 화면 중 특히 인상적이었던 장면이 있다. 고흐가 풍성하게 푸른 밀밭을 뒤로한 채 베어버린 황량한 밀밭에서 이젤을 메고 뛰는 장면이다. 마치 조물주가 자연 안에 있는 그림을 꺼내려 발버둥치는 그를 내려다보고 있는 것 같았다. 가슴이 조마조마했다. 신이 고흐에게 준 저 희열 뒤에 덜컥 절망을 주지 않을까 하는 우려 때문이었다. 아니나 다를까. 화가의 희망이었던, 테오의 후원금으로 아를에 머물렀던 고갱이 노란 집을 떠나겠다고 선언하고 고흐가 귀를 자른다. 고흐는 절망이 아니라 죽음의 문턱으로 한 발 다가서고 있는 것이다.

화면은 생레미 정신병원으로 옮겨 갔다.

고흐가 병원 뒤뜰을 산책하는 장면에서 나는 반가움에 가슴이 뛰었다. 지난해 생레미를 방문했을 때 그 산책길에 화가의 작품들이 전시되어 있었다. 내가 좋아하는 「활짝 핀 아몬드나무」도 있어서 눈물까지 글썽이며 사진을 찍었던 추억이 깃든 곳이다. 정갈하게 다듬어져 있던 그 라벤더 길을 다시 걷는 기분이었다. 아를의 풍경을 화면에서 볼 수 없어 아쉬웠던 것이 해갈되는 순간이었다. 생레미에서도 그의 작품 활동은 계속되었다. 「자화상」 「사이프러스나무」 그리고 걸작품 「별이 빛나는 밤」도 그곳에서 제작되었다.

병세가 깊어진 고흐는 프랑스 북쪽 오베르 쉬르 우아즈로 간다. 「닥터 가셰의 초상화」는 그곳에서 만난 주치의를 모델로 한 작품이다. 그리고 그곳에서 「까마귀 나는 밀밭」을 끝으로 37년간의 짧은 생을 마감한다. 이제까지 나온 고흐에 관한 자서전이나 여타 연관된 책에서는 자살을 기정사실화하고 있는 반면 줄리안 슈나벨 감독은 타살에 의한 것으로 묘사하고 있다. 사실적 근거가 있는 것인지 궁금했다.

엔딩 크레딧이 다 올라가도록 나는 자리를 뜨지 못하고

생각에 잠겼다.

 감독은 왜 그 아름다운 아를을 삭막한 밀밭과 흙이 버석거리는 황무지로 황량하게 그렸을까?

 해바라기는 왜 활짝 핀 것이 아니라 줄기째 말라버린 것들을 화면 가득 담았을까?

 아를과 해바라기는 고흐에게 희망과 기쁨의 상징이 아니던가?

 연출자는 그 영상에서 내가 무엇을 느끼고 마음에 담아 가져가기를 바란 것일까?

 화가이기도 한 줄리안 슈나벨 감독은 이 수작에서 내게 숙제를 한 아름 안겨주었다.

*임파스토 기법- 유화물감을 두껍게 칠하여 질감 효과를 내는 회화 기법.

빛의 뮤즈, 카미유
-「임종하는 카미유 모네」앞에서

전시하는 그림을 만져볼 수 있다니! 게다가 작품 중에 온몸으로 느껴보고 싶던「임종하는 카미유 모네」가 있다고 했다. 날듯이 파주로 갔다. 2021년 2월부터 8월까지 헤이리스 갤러리에서 빛의 화가 오스카 클로드 모네의 그림이 전시되었다. 진품은 아니나 캐나다 국립 미술관에 소장 중인 모네의 원작「폭풍의 바다」를 대여해 3D 스캔, 프린팅 기술을 입혀 붓 터치와 색감을 똑같이 재현한 것이다. 덕분에 관람객이 작품을 직접 터치하며 화가의 작품세계로 들어갈 수 있는 이색 전시회를 즐기게 되었다. 가을을 재촉하는 비를 맞으며 도착한 그곳에서 모네의 뮤즈, 카미유를 만났다.

  들숨으로 들어간 공기가 그대로 멎어버렸다. 얼굴이 벌게진 후에야 날숨은 눈물이 되어 나왔다. 모네의 「임종하는 카미유 모네」 작품 앞에서였다.
  모네는 인상주의 원조로서 빛이 빚어내는 오묘한 색들을 담아내며 이렇게 말했다.
  "내 그림 앞에서 평화로운 명상의 피난처를 느끼기를 바란다."
  그랬던 그가 이렇게 가슴 저미게 아픈 그림을 그리고 있었다. 나는 떨리는 손바닥으로 카미유의 가슴에 손을 얹었다. 거칠고 날카로운 붓질의 느낌이 손바닥을 거쳐 내 혈관 속으로 차갑게 전해져 왔다. 그녀의 나이 서른둘. 죽음은 그녀의 아름다움을 시기했던가? 왜 그리 서둘렀을까. 청회색 베일로 화한 죽음의 그림자가 그녀를 덮어가고 모네는 쫙쫙 갈라지는 거친 붓 끝에 이별의 고통을 담아 통곡하듯 표현하고 있다. 그런 그를 위로하듯 청색 어둠 속에 숨은 카미유의 뜨거운 심장이 아직 붉게 뛰고 있었다.
  그녀가 모델이었다는 이유로 두 사람 사이에 아들이 있었음에도 모네의 아버지와 후원자였던 고모로부터 외면당한 카미유였다. 돈이 없어 자궁암 치료도 제대로 못 받은 채 생을 마치게 된 카미유를 향한 모네의 죄책감이, 그녀를 둘러싼 진청색 물감 속에서 요동하며 거세게 물결치고 있었다. 그런데 나는 지금 그의 슬픔을 위로하기 어렵다. 천재의 인간적인 면이라 치부하기에는 개인적으로 도저히 이해할 수 없는 모네의 '다른 사랑'이 있었기 때문이다.

 카미유가 암세포에 시달리는 중에도 모네의 곁에는 다른 연인 알리스가 있었다. 게다가 알리스와 그녀의 자식들이 카미유의 집에 함께 기거하는 기괴한 모양새를 하고 있었다. 남편의 애인에게 병간호를 받아야 하는 여자의 심정은 어떠했을까! 어쩌면 죽음이 그녀를 데려가려고 서둔 것이 아니라 카미유가 그것에게 손을 내밀었던 것은 아니었을까?
 아픈 마음을 담아 그녀의 얼굴을 가만히 어루만졌다.
 그런데 그녀의 표정이 묘하다. 회색빛 죽음이 덮어가고 있는 입술은 육감적이다. 모네의 「일본 여인」속 기모노를 입은 카미유의 유혹하는 입술이 아직 거기에 있다. 흠칫하며 그녀의 눈을 보았다. 살포시 내리감은 눈. 「초록 드레스를 입은 여인」에서 초록색 줄무늬 드레스와 갈색 털이 둘린 검정 코트를 입고 우아하게 돌아서며 도도하게 내리깐 카미유의 눈이다. 그리고 빛나는 오똑한 콧날과 갸름하고 청초한 얼굴. 이 모네의 여신 앞에서 죽음의 사자마저 멈춰 서버렸다. 그곳에는 아직 모네와 그의 뮤즈가 있을 뿐이다. 어처구니없는 황홀경에 빠져 멍하게 카미유를 바라보고 있을 때였다. 느닷없이 그녀의 속삭임이 들렸다.

'모네의 슬픔을 끌어안아 주세요.'

깜짝 놀라 한 발 물러서며 엉년하고 있는 카미유를 다시 보았다. 죽음의 레이스에 둘려진 그녀 얼굴이 점점 편안해져 가고 있었다.

사랑하는 남편과 결혼식을 못 해도, 집세를 내지 못해 아들을 안고 쫓겨날 때도, 생활고에 못 이겨 모네가 강에 뛰어들었을 때도 변함없이 그를 지켜주었던 카미유였고 그 여인을 위해 모든 것을 버린 모네였다. 어쩌면 그녀는 그의 곁에 알리스가 있음에 안도했을지도 모른다. 연인들의 사랑법은 베일에 싸인 채 그들만의 것으로 감추어져 있다.

아내이자 위대한 예술적 영감을 주었던 그의 여신이 영원한 작별을 고하는 순간을 모네가 안간힘을 다해 저렇게 부여잡고 있는 것이다. 모네는 그 순간을 이렇게 말했다.

"영원히 떠나려고 하는 사랑했던 사람의 마지막 순간을 그리고자 하는 것은 자연스러운 일일 것입니다."

카미유는 마지막 순간까지도 그의 모델이며 뮤즈였다. 모네는 작품 오른쪽 하단 서명 옆에 그녀를 향한 사랑의 표시를 화룡점정처럼 넣었다. 그리고 그는 이 그림을 평생 간직했다.

모네의 눈물을 닦아주어야 할 것 같다. 훗날 오르세 미술관에서 모네의 슬픔으로 빚어진 진품을 만나게 되는 날 나는 그녀에게 약속을 지켰노라 속삭여 줄 것이다.

모네는 카미유가 죽은 후 인물화를 거의 그리지 않았다. 후에 그가 재혼한 알리스의 딸 수잔을 그린 「양산 쓴 여인」에서 여자의 얼굴은 윤곽이 흐려진 채 눈코입도 분명치 않다. 양산을 들고 서 있는 여인의 모습과 구도는 카미유와 아들 장을 그렸던 「산책」과 너무도 흡사하다. 문득 모네가 그녀를 그리워하며 그렸는가 싶은 생각에 가슴이 뭉클해졌다. 카미유도 그것을 알았을까? 작품 속 짙은 초승달 눈썹의 뮤즈가 행복한 미소를 짓고 있다.

「친구의 초상」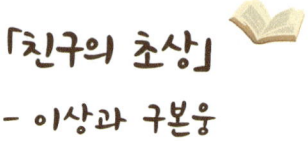
- 이상과 구본웅

국립현대미술관에서 2021년 2월부터 5월까지 〈미술이 문학을 만났을 때〉라는 제목을 달고 일제 강점기와 해방기 시인, 소설가 그리고 화가들의 작품이 전시되고 있다. 암울했던 시대였음에도 폭포수처럼 예술의 혼을 쏟아냈던 많은 문인과 화가 중 오늘 나를 이곳으로 이끈 이는 바로 이상李箱이다. 전시관 전면에 인물구조도가 붉은 실선을 따라 얽혀 있었다. 이들은 '시를 그림과 같이, 그림을 시와 같이'라는 기치 아래 함께 어울렸다는 시인과 화가 들이었다.

그 중심에 이상이 있고 바로 뒤에 화가 구본웅이 있었다. 서둘러 2층으로 올라갔다. 이상을 그린 구본웅의 「친구의 초상」을 만나기 위해서였다.

이상을 따라다니는 수식어는 화려하다. 난해성, 전위적 실험주의자, 모더니스트 그리고 무엇보다 시와 소설, 그림의 영역을 넘나들며 구사했던 다양한 표현기법과 시대에 따라 새롭게 해석되는 언어와 기호에서 붙여지는 천재라는 칭호이다. 나 같은 범인은 범접불가인 작가이다. 그런데 난 어쩌자고 금홍을 부러워하는 것인지 모르겠다. 가슴이 타 들어갈 지경이다. 해서 오늘은 그냥 그의 얼굴이라도 실컷 봐야겠다고 마음먹고 나선 길이다.

초상화 앞에 섰다. 어두운 배경에서 정면을 향한 얼굴, 붉은 아이라인과 시뻘건 입술 그리고 냉정한 눈빛이 나를 기다리고 있었다. 섬뜩했다. 구본웅이 야수파인 것은 잘 알고 있었지만 그가 그려낸 이상은 화려한 수식어보다 강렬하다. 빛을 받아 번쩍이는 하얀 콧날로 인해 얼굴은 더욱 창백해지고 핏빛 두툼한 입술이 단단히 물고 있는 흰 파이프에서는 뿌연 연기가 피어오른다. 거뭇거뭇 수염 덮인 날 선 턱은 이렇게 일갈하고 있다.

오감도를 놓고 왜 미쳤다고들 그러는지! 대체 우리는 남보다 수십 년씩 떨어져도 마음 놓고 지낼 작정이냐!

— 조선일보 잡지 「조광」

야누스처럼 초상화의 얼굴 반쪽은 밝고 다른 한쪽은 어둡다. 어두웠던 시절, 지식인의 화려한 외면과 쓸개즙을 씹듯 감추어야 할 내면을 보는 것 같아 마음이 저렸다. 머리 위로 삐뚜름히 쓴 모자는 상의와 색을 맞춘 듯 검청색 계열이다. 흰 담배 연기가 모자를 덮어간다. 그 모자 밑에 드러난 이상의 눈은 가히 충격적이다. 검고 굵게 꿈틀거리는 눈썹 아래에서 눈꼬리는 날카롭게 치올라갔고, 정면을 비껴 사선 처리된 새카만 눈동자는 냉철함 속에 제 목숨조차 내려놓은 달관의 눈빛을 띠고 있다. 그리고 오른쪽 눈에는 섬뜩한 아이라인이 붉게 타오른다. 문득 파이프를 문 고흐의 초상화가 생각났다. 불안 속에 권총 자살을 했던 고흐와 병든 몸에 소홀해 육신을 죽음으로 몰아넣었던 이상. 이 두 천재를 구본웅의 강한 색채가 절묘하게 연결시키고 있었다.

시인과 화가는 신명학교라는 사립소학교 동창이다. 꼽추의 몸이라 따돌림받던 구본웅에게 관심을 준 사람이 4살 연하 이상이었고 둘은 이상이 죽는 날까지 죽마고우로 지냈다. '제비'는 이상이 몰래 빼낸 본가 집문서를 저당 잡혀 얻은 돈으로 차린 다방이었다. 꾸밀 비용이 없어 그곳 희멀쑥한 벽에 걸린 것은 구본웅의 그림 몇 점과 쥘 르나르, 장 콕토의 경구 넣은 액자가 전부였다는 것은 유명한 일화이다. 그 제비다방 벽에는 이상이 그린 유화 자화상 「자상」도 걸려 있었다고 한다. 조선총독부 주관 조선미술전람회에 출품했던 작품인데 현재는 행방불명이 되었다. 남은 것이라고는 흑백의, 그것도 조선미술전람도록 속에 있던 사진을 인쇄한 것인데 이번 전시회장에서 만날 수 있었다. 명확히 알아볼 수는 없었지만 작가 스스로가 표현한 자화상이라 유심히 들여다보았다.

「친구의 초상」과는 반대의 구도로 기울어진 얼굴에 눈동자만 정면을 바라보고 있었다. 마치 이상이 곁눈질을 하고 있는 것처럼 보였다. 삐뚤어진 그의 시선이 말하는 것은 무엇이었을까? 식민지 시대를 살아내야 하는 지식인의 고뇌일까, 화가나 작가로서 표출하고 싶은 욕망이 대중에게 소외당하는 것에 대한 분노의 표현일까, 외면하고 싶은 지병을 가진 육신에의 연민일까. 그와 시선을 마주하며 나도 모르게 오랜 시간 생각에 빠졌다. 출품했던 조선미술전람회에서 「자상」은 입선, 나혜석의 「정원」이 특선을 했다고 한다.

그는 화가로서도 이름을 올린 것이었다. 「친구의 초상」과 「자상」을 통해 알아낸 이상의 외관은 그가 뾰족한 턱과 갸름한 윤곽선, 하관에 비해 크고 도톰한 입술 그리고 가늘고 긴 목을 하고 있었다는 것이다. 「친구의 초상」은 구본웅이 운영했던 골동품상 2층 한구석에서 늘 붙어 다니던 이상을 앉혀놓고 그린 것으로 추정된다고 한다. 구본웅의 다른 그림들은 한국전쟁 때 폭격으로 다 타고 이 작품을 비롯해 10점만 유작으로 남아 있다.

'이상'은 김해경의 필명이다. 구본웅이 졸업선물로 준 화구통이 오얏나무로 만들어진 것이라 오얏나무 '李' 자에 상자 '箱'을 붙였다고 한다. 마음이 불편했던 이상과 몸이 불편했던 구본웅은 소학교 때 만나 서로를 보듬고 살았다. 이상은 구본웅의 이모(계모의 여동생)를 아내로 맞아 그녀의 품에서 죽는다. 친구에서 인척이 된 두 사람의 인연은 이렇게 깊고도 끈끈하다.

덕수궁을 나와 천천히 종로로 향했다. 큰 키에 쑥대머리 이상과 당시 유럽 패션이었던 망토로 굽은 척추를 감춘 구본웅이 매일이다시피 쏘다녔다는 종로통을 걷다 보면 저들의 웃음소리라도 들을 수 있지 않을까 하는 헛된 망상이 빚어낸 걸음이다. 정오를 비낀 햇볕이 따끈하다.

동거…… 할래요?
- 이상 「권태」

이상은 대하기 어려운 작가이다.

사창가 18가구 중 하나의 방 창문 밑에 쪼그리고 앉아 햇빛을 만지작거리는 천재를 어떻게 해석해야 하는지, 그가 풀어놓은 13인의 달리는 아이들 속에서 나는 왜 전율에 가까운 공포를 느껴야 하는 것인지. 그를 이해하고 다가서기에 내 역량은 턱없이 부족했다. 그래서 늘 피했다. 수필 「권태」를 만난 것은 정말 우연이었다.

눈을 감고 '읽어주는 책'을 들으면 여기가 천국이지 싶다.

일찍이 재능기부 못 한 것을 아쉬워하며 유튜브에 좋아하는 작가 이름을 찍었다. 그런데 미끄러지는 손가락 사이로 '이ㅅ' 단어가 찍히더니 이상의 「권태」가 나타났다. 헐, 어려운 남자인데……. 갈등 끝에 그래도 인연인 모양인데 만나보자는 마음으로 플레이를 눌렀다. 순간 눈앞에 그림이 펼쳐졌다. 아! 마술이다.

'오늘'이라는 널따란 백지 위에 팔봉산이 솟아나고 초록 벌판이 놓여졌다. 벌판 가운데 소나무 기둥 농가가 십여 호 지어지더니 호박넝쿨이 매달린다. 문득 길 위에 김 서방이 나타나고 암탉이, 흰둥이가 순식간에 그려지더니 하얀 여름날 태양이 그들 머리 위에서 작열한다.

　검은 사각형 하나를 덜렁 그려놓고 '그림 너머의 의미를 탐구하라'고 일갈한 말레비치(러시아 화가. 1878.2.23.~1935.5.15)와 다를 바 없던 이상이 「권태」에서 모네로 환생하고 있다. 한없이 따뜻하다.

　빛을 담은 색이 몽글몽글 채워지는 화면에 장기판이 떠오르고 하품하는 최 서방의 조카가 앉아 있다. 이겨대기만 하는 권태에 못 이겨 자리를 뜬 이상의 발 앞에 앙상한 물줄기가 놓이고, 철골 전선주를 등에 인 팔봉산 머리에 구름이 자리한다.

이쯤 되면 의심이 든다. 도무지 속을 모르겠는 이상이 이렇게 쉽게 마음을 보여줄까? 무슨 함정이라도 파놓은 것이 아닐까? 나는 경계를 풀지 못한다. 그는 내 맘은 알 바 없다는 듯이 오늘의 권태와 내일의 불안이 담긴 글을 아름다운 수채화로 그려나가고 있다.

복날을 모르는, 짖지 않는 개 10마리가 동리에 점점이 나타나고 썩은 웅덩이가 풀쑥 생기더니 교미하는 개 한 쌍이 권태로운 모습으로 등장한다. 송사리가 그려진 개울가에 암소가 나타나 누운 그를 내려다본다. "이 사람의 얼굴이 왜 이리 창백하냐? 아마 병인인가 보다." 이상이 드디어 자화상을 그려 넣은 것이다. 슬그머니 편안해지는 내 마음에 결정타가 들어왔다.

길 복판에서 6,7인 아이들이 놀고 있다. (……) 그들은 도로에 나란히 앉는다. 앉아서 소리가 없다. (……) 5분 후 그들은 비키면서 하나씩 둘씩 일어선다. 제각각 대변을 한 무더기씩 누어 놓았다. 아아 이것도 역시 그들의 유희였다. 그런 그중 한 아이가 영 일어나지를 않는다. 그는 대변이 나오지 않는다. (……) 아아 조물주여, 이들을 위하여 풍경과 완구를 주소서.

나는 웃음을 터트리고 말았다. 다다이즘의 선구자 마르셀 뒤샹의 「샘」에서도 맛보지 못했던 통쾌함이다. 이상은 태양 아래 펼쳐진 풍경을 인상주의 화풍으로 따스하게 그려내고 있는 것이었다. 화면이 어두워졌다. 하늘엔 별이 뜨고 농가 마당에는 밥상이 차려졌다. 마늘장아찌와 날된장과 풋고추 조림 그리고 영롱한 별빛이 저녁 밥상에 걸터앉았다. "내게는 별이 천문학의 대상이 될 수 없다."는 이상은 필시 천상에서 "별빛은 연인들을 위한 사랑의 찬가"라 했던 고흐와도 조우했을 것이다. 불나비가 나타나 불을 끄며 화면은 소등된다. 그리고 이상의 속마음이 엔딩 크레딧처럼 올라간다.

나에게는 아무것도 없고, 아무것도 없는 내 눈에는 아무것도 보이지 않는다. 암흑은 암흑인 이상, 이 방 좁은 것이나 우주에 꼭 찬 것이나 분량상 차이가 없으리라. 나는 이 대소 없는 암흑 가운데 누워서 숨 쉴 것도 어루만질 것도 또 욕심나는 것도 아무것도 없다. 다만 어디까지 가야 끝이 날지 모르는 내일, 그것이 또 창밖에 등대하고 있는 것을 느끼면서 오들오들 떨고 있을 뿐이다.

「권태」는 가난과 폐병으로 고생하던 이상이 평안남도 선천, 친구의 고향집으로 요양 갔을 때 쓴 수필이다. 모던보이

이상에게는 제목처럼 지루했을 자연풍경임에도 그의 묘사는 마치 한 폭의 그림을 그린 것같이 세밀하고 감각적이다. 작가의 풍만했던 화가 기질이 문체에 접목되어 시화와 같은 하모니를 이루고 있다. 이상의 수필은 「권태」 「산촌여정」 「첫 번째 방랑」 등을 포함해 20여 편 남짓 된다.

  이 우연한 만남을 계기로 그에게 한 걸음 다가가기로 마음먹어 본다. 하지만 과연 그 까다로운 남자가 나를 그리 쉽게 받아들여 줄 것인가? 열 번을 찍어도 헛공사가 될 것만 같다. 그렇다면 차라리 이런 발칙한 청을 들이밀어 보는 게 나을지도 모르겠다.

  "동거…… 할래요?"

「월광」에 색을 입히다

베토벤 「월광」 1악장이 차 안에 가득 찼다. 아다지오 소스테누토로 연주되는 소나타는 건반이 아니라 내 마음을 지근지근 누르고 있었다. 왼쪽으로 김포공항 주차타워가 보인다고 느끼는 순간 브레이크를 밟았다. 전방 신호등이 빨간색이다. 이미 횡단보도에 뒷바퀴가 걸려 있다. 한숨을 내쉬며 오른쪽을 보았다. 빨간불? 뭐지? 왼쪽으로 고개를 돌리는 순간 뒤에서 날카로운 경적 소리가 울렸다. 거짓말처럼 전방 신호등은 초록색 불이었다.

선배언니를 만나러 가는 길이었다. 선배는 얼마 전 고인이 된 부군의 사십구재를 치렀다. 이제 육십 중반 고개에 서서 한숨 돌리려는 찰나 그녀의 남편이 창졸간에 저세상 사람이 되었다. 정원수 가지치기를 하다 만난 사고사라 했다. 행복의 보금자리라며 그렇게 좋아하던 그 정원에서 눕게 되다니……. 남편 상을 치르고 두문불출하는 그녀를 위해 지인들과 제주도행을 단행했다. 모두가 대학 동아리에서 신입생 시절부터 알아온 친정 언니 같은 이의 슬픔이다.

선배는 어떤 표정일까. 그녀에게 무슨 말을 해야 할까. 그녀는 무슨 말을 할까.

운전하는 내내 숨 막힐 것같이 고요한 「월광」 1악장이 흘렀고, 그것을 연주하는 베토벤의 고뇌에 찬 모습 위로 그녀의 슬픈 얼굴이 오버랩 되어 앞창에 가득했다. 그 때문이었다. 멀쩡한 초록불이 빨간색으로 보였던 까닭이. 뒤차가 안전운행을 해주었기에 망정이지 큰 사고가 날 뻔했다. 미안하다는 깜빡이를 켜고 조심스레 출발했다. 공항 주차장에 차를 세우고 플레이어에서 CD를 꺼내 캐리어에 넣었다.

제주도 밤바다에 잔잔한 파도가 일었다. 검은 바다에 부서지는 포말은 곱게 짠 하얀 면 레이스 같았다. 선배는 지인들 사이에서 웃기도 하고 간간이 농담도 주고받았다. 앞이 캄캄한 일을 당했어도 그녀는 여전히 리더의 포스를 갖추고 있었다. 맥주 거품에도 쓰러지는 이들이 앞장서서 소맥을 말았다. 중년을 훨씬 넘긴 여인네들의 웃음소리는 마치 서로서로 어깨를 겯고 높은 파고를 넘으려 애쓰는 것 같았다. 선배 얼굴도 어느덧 붉어져 있었다.

 지인들은 조천에 있는 숙소로 들어가고 나는 데리러 온 남편을 따라 제주시로 왔다. 마침 남편이 제주도 현장에 파견 근무 중이다. 그가 스르르 차를 세웠다. 신호등에 노란불이 들어오면 지체 없이 정차를 하는 남편은 베스트드라이버이다. 가지고 온 CD를 플레이어에 넣자 「월광」 2악장이 열렸다. 알레그로 스케르초 형식의 우아한 선율에 마음을 맡기고 시트에 몸을 묻었다. 그가 "요즘 이것만 듣네." 한다. 응, 맞아요. 신음 같은 소리가 새어 나왔다.

 「월광」의 도입부는 아다지오로 시작된다. 베토벤은 전통적 소나타형식에서 탈피한 이 작품으로 음악사에 새로운 방향을 제시했다. 이 곡을 작곡한 후 '하일리겐슈타트 유서'를 쓰지만 곧 아픔을 딛고 일어나 당당하게 자신만의 길을 찾아 떠난다.

선배도 이제 고통을 털고 새로운 방향을 찾아 새 인생을 설계해야 할 시점이다. 하지만 40년 가까이 인생의 멘토로 뒤따르던 선배에게 선뜻 꺼내기는 어려운 말이었다. 다만 이심전심을 간구하는 마음으로 「월광」을 듣고 또 들었다.

"아까, 내일 봬요 하고 언니를 안았더니, 걱정 마라 하시데."

남편도 그녀와 선후배 사이인지라 나만큼이나 충격이 컸다.

"다행이네. 하지만 지금은 잠깐 멈춤 상태일 거야. 선배가 아무리 강단이 있는 분이어도……."

"넘어가야 할 과정이겠지. 그게 잠깐이면 좋겠어요, 이 음악처럼."

「월광」 2악장은 1, 3악장과는 달리 3분이 채 안 되는 곡이다. 베토벤은 창창한 나이에 청력상실이라는 천형을 안고 사랑하는 여인에게서마저 버림을 받는다. 그 애간장 타는 슬픔을 1악장에 고스란히 담았다면, 문득 무심히 툭툭 털어버리는 것 같은 2악장의 연주는 사뭇 상쾌하기까지 하다. 마치 괴로움의 벼랑 끝에 서서 숨을 고르고 인생을 관조하는 것 같은 곡이다. 남편은 그게 지금의 선배 모습이란다. 잠시 멈춤. 노란불이다.

제주의 일요일 아침이라고는 믿어지지 않을 만큼 도로가

한산했다. 출근하면서, 조천까지 가는 길을 몇 번이나 확인시켜 주는 남편에게 당신보다 네비양이 훨씬 낫습니다, 큰소리치고 나선 길이었다. 음악의 볼륨을 높였다. 격렬하고도 열정적인 건반의 울림이 터져 나왔다. 「월광」 제3악장이다. 아르페지오의 공격적인 옥타브 스타카토 연타는 마치 천지에 번개와 천둥을 내리꽂는 것 같았다. 고통으로 피아노 앞에 몸을 웅크렸던 베토벤이 머리를 번쩍 들고 하늘을 향해 소리치는 것 같았다. 양손에 햇살을 쥐고 우뚝 서 아픔을 털어내고 있었다. 순간 내 심장이 뛰고 혈관이 펄럭거렸다. 베토벤, 결코 그와 같을 수는 없지만 우리 모두 태양빛 한 조각씩은 쥐고 태어났다. 액셀을 밟았다. 내가 이리 가슴을 조이지 않아도 선배는 이겨낼 것이다. 「월광」 3악장을 맑은 제주에 채우며 가는 길이 초록불로 뻥 뚫려 있다.

그리고 돌아온 서울, 현관문을 열자 먼저 도착한 메일 한 통이 나를 기다리고 있다.

후배들 초댈 받고
많은 고민을 하다 타인이라는 바닷물에 몸을 담그지 않고는 살아갈 수 없다면 첫발을 여기서 시작해야겠다 결심을 했다.

머리로 그리도 많은 세월 동안 생사의 의미를 정리하고 살았건만…….

내게 훅 들어온 사고에는 아무 소용이 없었다.

그래도 배는 고프고

코미디 프로 보면 웃고…….

이런 내 모습이 낯설고 모멸감 비슷한 것도 느껴지고…….

시간은 가고

아주 시설 좋은 감옥에서 종신형 사는 기분으로 매일매일을 지우고 있다가

세상에서 가장 좋은 인연이어서 고마웠던 사람이

좋아할 일이 뭘까 생각하며 용기를 갖기로 했다.

물론 너희들이 그 용기에 힘을 보태줬지.

씩씩해야 한다는 선입관 땜에

사람들 만나고 돌아서는 길이 허하지만

점점 나아지리라 희망을 가지며

오늘도 지운다.

내일은 분명 오늘보다 나을 거야!

눈물을 지우고 부지런히 답신한다. 언니, 고맙습니다.

그리고 두 세기 반을 건너 내게로 와준 베토벤에게도 감사 인사를 한다.

「월광」에 입힌 색이 곱게 빛난다.

나, 너, 우리 그리고 윤여정
- 영화 「미나리」

     영화배우 윤여정에게는 프레임이 없다. 국민 엄마도 국민 언니도 아닌, 심지어 할머니인 순자 역으로 2021년 오스카 여우조연상을 수상했으나 누구도 그녀에게 '국민 할머니'라는 타이틀을 붙이지 않는다. 푸시시한 머리칼에 걸쭉한 욕설을 뱉으며 화투를 치던 「미나리」의 순자가, 순식간에 붉은 와인 잔을 들고 거침없이 속살을 드러내며 연인에게 달려드는 「바람난 가족」의 병한으로, 소름끼치도록 완벽하게 변모하기 때문이다. 그녀의 영혼은 자유롭다. 천

개의 가면에 들어앉아 천연덕스럽게 스며든다.

카멜레온 윤여정이 독립영화 「미나리」에 출연했다. 순자가 되기로 결심하게 된 까닭을 그녀는 이렇게 답하고 있었다.

"스크립트를 받아 보았는데 기교 없이 진심인 영화였어요."

MSG 무첨가로 흥행에 성공할 수 있을까 하는 궁금증을 갖고 독립영화 「미나리」를 만났다. 영화가 시작되고 미국 남부 시골 벌판, 모니카 가족이 살고 있는 트레일러 집 문을 열고 들어온 사람은 여배우 '윤여정'이 아니라 나의 시어머니 '한춘자'였다. 순자가 바리바리 싸 온 고춧가루 봉지, 멸치 담긴 봉지를 딸 무릎에 올려주며 흐뭇해하듯 시어머니 등에도 늘 먹거리가 그득 담긴 가방이 매달려 있었다. 그 묵직한 것을 지고서도 팔순 노인의 걸음은 동네 새댁들이 헉헉거리며 따라갈 정도로 빨랐다. "할머니, 왜 그렇게 빨리 가세요, 힘들어요." 아낙들 투정에 시어머니의 대답은 한결같았다. "싱싱할 때 먹여야 맛있지." 자식과 손주를 향한 무한한 사랑은 순자나 춘자나 같았다. 영화의 무대는 아칸소가 아니라 수궁동 우리 집 마당에서 우리네 어머니들의 웃음을, 울음을 보여주고 있었다.

스파게티도 쿠키도, 순자는 미국 음식을 못한다. 한국 할머니 순자가 들고 온 것은 미나리 씨앗이다. "뿌리기만 하면 아무 데서나 잘 자라지. 김치 해 먹어도 좋고 무쳐 먹어도 좋고, 몸에도 좋고." 그녀는 손주에게 한국 양식을 먹이려고 가져와 미국 땅에 심는다. 텃밭에 키운 채소를 곱게 갈아 손주들이 다 마실 때까지 고개를 끄덕이며 지켜보던 시어머니가 스크린에서 데이비드에게 한약을 먹이고 있다. 할머니와 어릴 때의 기억이 있는 앤과 달리 생전 처음 만난 데이비드가 그녀에게 퉁명스러운 것은 당연하다. 노인에게 예절을 지키지 않는 어린 아들을 향한 젊은 부부의 조급한 훈육을 순자는 온몸으로 막아낸다. 익숙한 그리고 그리운 장면이다. 시어머니 역시 "크면 다 알아. 너무 곧이곧대로 그러지 않아도 돼." 하며 손녀딸들을 감싸곤 했었다. 고생하는 딸이 안쓰러워도, 고집 센 사위가 섭섭해도 순자는 속으로만 삭이고 어린 손주들에게 새로운 게임, 화투를 가르치며 웃는다. 초년 과부로 딸 하나만 붙들고 칠십 평생을 살아낸 순자는 '이 또한 지나가리라는 것'을 잘 알고 있기 때문이다. 오늘을 지킬 수 있는 것은 미나리같이 질기고 강한 생명력을 가진 인내와 사랑뿐이라는 것을 그녀는 아는 것이다.

  기교 없는 스크립트에 진실이 된 윤여정이었다. 더도 덜도 아닌 그냥 순자가 되어야 하는 역할을 과연 윤여정이 아니면 누가 해낼 수 있었을까? 그녀는 여배우도 월드스타도 아닌 우리 집 시어머니, 마실 오던 이웃집 할머니로 내 곁에 왔다. 여러 가지 편견으로 구설이 많았던 오스카상 심사위원들의 눈이 이제야 정확해진 것 같다.

윤여정뿐만이 아니다. 비록 수상대에는 못 올랐지만 모니카로 열연했던 한예리도 있다. 아픈 아들을 향한 애간장 녹는 모성애, 소홀해지는 딸에 대한 미안함, 가족애보다 성공에 대한 욕망이 더 큰 남편에 대한 실망과 분노, 그리고 친정엄마에게 불효자라는 아픈 자책감을 때로는 소나기처럼 때로는 가을 들판처럼, 모자라지도 넘치지도 않게 표현한 그녀에게도 찬사를 보낸다. 엄마와 자식을 바라보는 모니카의 촉촉한 눈망울과 마주할 때마다 나도 눈물로 볼을 적셨다. 내 딸들을 보는 것 같기 때문이었다. 시절이 바뀌고 환경이 바뀌어도 자식을 바라보는 엄마의 마음은 예부터 그리고 먼 미래까지도 같을 것이다.

영화를 보는 내내 의문이 들었다. 왜 나는 없는 것일까? 순자에게서는 시어머니가, 모니카에게서는 딸들이 보였는데 정작 나는 어디에서도 분명한 모습을 나타내지 않고 있다. 다시 보았다. 두 번째여서 그런지 좀 더 깊숙하게 작품 속으로 침잠할 수 있었다. 그들의 숨소리와 미소와 한숨이 귓가에 뜨겁게 느껴졌다. 젊었기에 겁 없이 살아냈던 시절, 어떤 일이 닥쳐도 무작정 가장의 뒤를 따랐던 때가, 수술대에 누워서도 아이들 기침 소리가 더 마음 아팠던 때가, 두 딸 시집보내며 모든 걸 빼앗긴 것 같던 허전함에 몸을 떨었던 때가, 나에게 새 생명을 준 것 같았던 손자들의 탄생 때가, 내 손이 필요하다면 가다가 쓰러져도 딸네로 한달음에 쫓아가는 무지에 가까운 모성애를 가진 내가 스크린에 모두 담겨 있었다. 나도 모르는 사이에 순자로도 모니카로도 스며들어 있던 것이다. 진실만 담긴 이 잔산한 영화에 뜨거운 눈물을 흘리며 기립 박수를 쳤다. 기교 없는 작품에서 나는 나를 만났다.

예술인가, 외설인가

「색, 계」「바람과 함께 사라지다」.

내가 영구 소장용으로 담아놓은 영화들이다. 평소 영화 관람 후에는 곧 감상평을 기록해 두는 편이다. 그런데 「색, 계」는 펜을 잡으면 안개 속을 더듬는 것 같고, 다른 하나는 스케일이 너무 방대하여 온전히 내 것으로 만들지 못하고 있었다. 잡지도 접지도 못해 '언젠가'를 기대하며 보관해 둔 작품들이다.

지난 주말 남편과 영화 한 편을 보려 TV를 뒤적이던 때였다.

"「색, 계」? 이 여사님, 야한 영화를 소장하셨어요."
그이가 짓궂은 표정으로 내 얼굴을 들여다보았다.
"아니거든요, 작품성이 있어서 소장했거든요."
귀까지 빨개지며 극구 변명을 하다가 마침내 결심했다. 오래 묵힌 이 작품을 꺼내 내 마음의 바구니에 담아야겠다고. 영화「색, 계」를 처음 만나 신선한 충격에 빠졌던 그때로 돌아가 본다.

2007년, 홍콩 영화「색, 계」가 개봉되자 세계의 영화판이 술렁였다. '예술인가, 외설인가'라는 논쟁에 휩싸인 격정의 정사 장면 때문이었다. 미국에서는 제한적 상영을 허가했고 중국에서는 30% 삭제 후, 우리나라에서는 청소년 관람불가로 무삭제 개봉 상영을 했다.
개인적으로 영화「와호장룡」이후 입덕한 이안이 메가폰을 잡았고, 수천 개의 표정과 눈빛이 번뜩이는 양조위가 남주인공인 영화이다. 이안 감독은 문제의 장면 촬영 후 비참한 기분이 들었다고 한다. 왜일까? 궁금했다. 그해, 이 영화로 그는 베니스 영화제 그랑프리를 수상했다.
일찌감치 예매를 하고 설레는 마음으로 기다렸다. 여주인공인 신인배우 탕웨이가 궁금했다.

영화의 주요 배경은 중일전쟁이 한창인 1940년 상하이이다. 이모창(양조위 분)은 민족배신자로 일본 괴뢰정권의 앞잡이이며 왕자즈(탕웨이 분)는 그를 살해하려 접근한 애국단체의 스파이이다. 경호원조차 믿지 못하는 남자와 그를 유혹해야 하는 여자. 그들이 나누어야 하는 정사는 필연인 것이다.

「색, 계」에서 정사 신은 총 3컷이다. 바로 '예술인가, 외설인가'라는 논의가 끊이지 않는 문제의 장면이다. 그에 관해 양조위는 이렇게 말하고 있다.

"감독은 결코 단순히 배우의 몸을 보여주는 것이 아니라 캐릭터 속의 감정을 표현하려고 애썼다. 강한 감정적 바탕에서 우러나와야 하는 이 영화의 러브신은 오히려 찍기 쉬웠다."

그 정사 장면에서 양조위는 이모창의 변화하는 심리묘사를 기막히게 표현해 내고 있다. 탕웨이 또한 신인답지 않은 섬세함과 과감함으로 확실한 존재감을 드러냈다.

과연 이안 감독은 논쟁이 담긴 이 영화를 통해 관람객에게 무엇을 전하려 했던 것일까?

첫 번째 정사 신은 무자비하고 폭력적이다.

이모창은 안전한 인맥으로 만난 막 부인을 탐하지만 믿을 수는 없다. 그녀와 육체적 사랑만을 나눌 뿐, 정신적인 교감은 허용할 수 없다. 무방비 상태인 지금, 엎어놓은 여자가 자신의 얼굴을 보려 몸을 들썩이는 것조차 위협적으로 느껴지는 것이다. 그가 하는 사랑은 적을 다루듯 무자비하고 폭력적이며 배설에 불과한 행위일 뿐이다.

반면 막 부인으로 위장한 왕자즈는 이모창과의 첫 번째 정사에 만족한다. 수십 명의 경호원에 둘러싸여도 안심하지 못하는 그가 그녀와 단둘이 밀애를 즐겼다. 그의 행위가 잔인하든 난폭하든 그녀의 관심은 다음 단계에 있다. 그를 유인해 살해하는 것이 애국하는 길이라는 사명감만 있을 뿐이다. 침대에 머리를 처박힌 그녀가 회심의 미소를 짓는다.

두 번째, 아직도 못 믿는 사람과의 정사.

누구도 믿지 않아 지금껏 살아남았다고 외치는 이모창은 격하게 사랑을 나누면서도 막 부인에게서 감시의 눈을 뗄 수 없다. 이 여자가 진정 자신을 사랑해 몸을 맡기는 것인지를 알아야했다. 방심하는 순간 목에 칼을 꽂는 여자가 산재해 있다는 것을 그는 잘 알고 있기 때문이다. 사랑이 격렬해질수록 서늘해지는 냉철함으로 그녀를 쏘아보던 그의 눈빛은 가히 충격적이다. 과연 양조위다. 절정의 순간이 지나고 그녀는 그의 품에 안겨 "머물 곳을 마련해 달라." 속삭인다. 기꺼이 그의 새장에 갇혀 살겠다는 말인 것이다. 그는 소리 없이 미소 지었다. 믿을 수 있는 여자를 품었다는 안도감이다.

그러나 이 두 번째 정사에서 왕자즈는 그에게 마음을 열어가는 자신을 깨달으며 소스라친다. 이모창이 결코 거짓 감정에 속을 사람이 아닌 것을 알고 있는 그녀이다. 그의 마음을 얻기 위해 하는 혼신 바친 연기라 믿었는데 문득 의심이 드는 것이다. 자신도 그를 사랑하는 마음이 있어 정사에 충실한 것인가! 혼란스럽기만 하다. 어서 동지들이 이모창을 살해하고 이 일에서 벗어나고 싶은 간절한 마음이다.

세 번째 날, 그 남자의 사랑 그 여자의 사랑.

침대 옆 옷걸이, 그의 바지주머니에서 권총이 툭 튀어나와 있다. 둘은 동시에 그것을 바라보았다. 순간 왕자즈가 그의 몸 위에 오르며 베개로 눈을 눌러버린다. 이모창은 뿌리치는 대신 오히려 그녀를 그러안고 황홀경에 빠져든다. 그는 비로소 믿음과 행복을 다 가진 것이다.

그러나 그의 믿음을 확인한 순간, 스파이일 수밖에 없는 왕자즈는 괴로움에 몸부림친다. 어느덧 그녀의 심장에도 그가 파고든 것이었다. 그녀에게 있어 애국과 사랑은 양극에서 겨누고 있는 칼날이다.

그리고 그녀를 진심으로 사랑하게 된 이모창은 선물을 준비했다. 왕자즈와 이모창이 다이아몬드 숍에 가기로 한 날, 애국단체 요원들은 그를 암살하기로 계획한다. 권총을 찬 동지들이 숍 안팎을 에워싼 가운데 그녀는 이모창의 곁에 앉았다. 거기에는 사랑의 증표가 기다리고 있었다. 그의 마음이 담긴 반지를 끼는 여자의 흔들리는 눈농자가 촉촉해진다. 그리고 따스한 눈빛으로 "널 지켜줄게." 말하는 그에게 왕자즈는 속삭인다.

"가요, 도망가요."

그녀는 그것이 자신을 향한 죽음의 메시지인 것을 잘 알고 있다. 왕자즈는 사랑을 택한 것이다.

새카맣게 어두운 밤, 왕자즈는 채석장에서 동지들과 총살을 당하고 이모창은 그녀의 침대에 앉아 망연자실한다.

「색, 계」는 실화를 바탕으로 한 영화이다. 실제로 왕자즈 역의 여자는 신원이 발각되어 22세에 총살을 당했고 이모창 역의 남자도 중일전쟁 종료 후 국민정부에 의해 총살을 당했다고 한다.

여자의 몸이 도구로 쓰여야 했던 시대를 필름에 담으며 비참했을 이안 감독의 심정이 내 가슴에도 저리게 전해져 온다.

1940년, 암흑 같은 시기를 살아간 이들의 평범할 수 없었던 아프고도 숭고한 사랑! 이것이 바로 이안 감독이 이 영화를 통해 말하고 싶었던 것이 아닐까?

그때를 살아낸 모든 왕자즈들에게 머리를 숙이게 하는 영화였다.

내게 「색, 계」는 예술이다.

2부 그리움은 진행 중

안사돈들의 살벌 달콤한 동거

마음에 부는 바람

한춘자표 김장김치

엄마의 양념게장

굴비와 바나나

Say good-bye

백신과 비자금

일어나, 힘들어도 지금 일어나

제사에 대한 인식의 현주소

낀 세대

그때, 열네 살이었을 적에

안사돈들의 살벌 달콤한 동거

2011년, 치매가 깊어진 시어머니와 짝 잃은 외기러기가 된 친정엄마의 동거가 시작되었다. 친정아버지 사십구재 기간 동안 엄마를 우리 집에 모시기로 한 것이었다. 평생을 의지했던 이를 잃은 엄마였다. 그 슬픔을 조금이나마 완화시켜 보자는 남편의 뜻에 고마운 마음으로 선뜻 응했지만 어머니의 상태가 마음에 걸렸다.

아버지 생전에 양가 부모님이 깊은 정을 나누며 지냈다.

당시 시어머니는 치매 초기였고 친정아버지는 뇌경색, 친정어머니는 당뇨와 고혈압을 앓고 있었다. 세 분 모두 휠체어에 의지할 만큼 몸이 불편했음에도 하루가 멀다 하고 서로를 보고 싶어 했다. 특히 어머니가 가장 좋아하는 사람이 안사돈이라 인천인 친정을 옆 동네 가듯 다녔다. 철마다 가는 여행은 물론 명절에도 시누네 부부까지 함께 모여 윷놀이로 즐거웠다.

그러다 병환이 깊어진 아버지가 먼저 영면에 들었다. 장례식장에서 영정사진을 보고 충격을 받은 어머니가 삽시간에 안사돈을 못 알아보게 된 것이었다.

"할아버지 없는 할매는 사돈이 아냐."

하며 내가 '엄마' 하고 부르는 것도 질색했다. 걱정이 컸지만 삼우제를 마치고 엄마와 함께 집으로 왔다. 안사돈들의 살벌한 동거가 시작된 것이었다.

건강했을 때는 화통했던 어머니가 치매에 걸린 후 내성적으로 변했다. 하루 종일 새초롬한 표정으로 소파 한가운데에 앉아 오가는 사람을 살폈는데, 엄마가 온 후로는 "이상한 할매가 왔어." 하며 안사돈만 살폈다. 소파는 어머니의 전용석이었기에 거실에 매트리스를 깔아 엄마의 자리를 만들었다. 감성이 풍부하고 서글서글한 엄마는 운동을 좋아했다. 매트리스 위에서 스트레칭을 하다가 힘들면 눕곤 했는데 어머니 눈에 안사돈 눕는 모습이 곱지 않았던 것이다.

"할매, 집이 어디유? 집에 가시야지. 여기서 누우면 어째요? 일나시유."

새된 목소리와 곱지 않은 눈초리로 안사돈의 등을 떠밀었다.

"할매, 나 여기서 살면 안 돼요? 여기 딸네 집인데." 엄마가 웃음을 터트리며 대답하면 화가 난 그녀는 "누가 딸이래요? 여기 할매 딸 없어요!" 하며 들고 있던 옷걸이를 거칠게 폈다.

언제부터인지 어머니 손에는 늘 세탁소 옷걸이가 들려 있었다. 야문 손끝으로 옷걸이의 꼬인 부분을 풀어내고 잘 손질해서 일자로 펴놓았다. 그것의 꼬부라진 부분을 손잡이 삼아 쥐면 가느다란 스틱이 되었다. 평소에는 한두 개만 만들던 어머니가 엄마가 온 후로는 그 '이상한 할매'를 살피며 수도 없이 옷걸이 스틱을 만들어 여기저기 흩어놓았다. 그러면 끝이 뾰족한 철사에 엄마가 찔리기 일쑤였다. 어느 날 매트리스 위에 놓인 철사에 앉았다가 혼이 난 후로 엄마가 옷걸이 스틱을 감추기 시작했다. 그런데 자리 밑에 감춘 것을 찾아낸 어머니는 오히려 공공연하게 매트리스 위에 수북이 쌓아놓았다. 가족 모두 옷걸이 노이로제에 걸릴 지경이었다. 나는 엄마가 집으로 돌아간다고 할까 봐 가슴이 조마조마했지만 어머니의 이 이상한 행동을 어떻게 말릴 수가 없었다.

그런 어머니가 안사돈을 정답게 바라볼 때가 있었는데 매일 저녁 식사 후였다. 그 시간만 되면 정성껏 만든 옷걸이 스틱을 들고 소파에 앉아 식구들을 불렀다. 온 가족이 모인 것을 확인하면 그녀는 허리를 꼿꼿이 폈다. 아들 자랑 시간이 된 것이었다. 정면을 향해 앉은 자세로 옷걸이 봉을 쥔 오른팔을 번쩍 들면 철사 끝이 등 뒤 사진에 탁! 하고 닿았다. 정확하게 아들의 양복 두 번째 단추이다.

"우리 아들 본 적 있수? 이 사람이 우리 아들인데, 머리가 좀 벗겨져서 그렇지 아주 잘생겼지. 키도 훤칠하고."

엄마는 토씨 하나 안 틀리게 반복되는 사돈의 연설을 즐거워했다. 낙천적이며 개그 기질까지 있는 그녀였다. 매일 처음 듣는 것처럼 반응해 주었는데 또 매번 다르게 대답했다. 아들을 본 적이 있다며 "잘생겼습디다." 하면 어머니는 얼굴에 화색을 띠우며 좋아했고, "뭐 그닥 그렇습디다." 하면 울그락불그락하며 사람 볼 줄 모른다고 화를 냈다. 어느 날은 엄마가 이런 답을 내놓았다.

"저한테 막내딸이 있는데 아주 참해요, 할매 아들한테 소개해 볼까요?"

하자 어머니는 고개를 갸웃하더니

"우리 아들한테 여자가 하나 있는데 얼마나 이쁘고 똑똑한지 세상 최고야. 맘도 진국이지, 우리 아들이 좋아해. 넘보지 마슈!"

앞에 앉아 있던 두 딸이 손뼉을 치며 "우리 할머니 최고!" 했고 엄마도 흐뭇하게 웃으며 안사돈을 향해 엄지손가락을 들었다. 하지만 나는 웃을 수 없었다. 세상이 멈춘 것 같았다. 그 말은 어머니의 진심이었던 것이다. 한순간, 이십여 년의 세월이 눈앞에 스쳐 지나갔다. 그 긴 세월 동안 내가 느꼈던 것은 어머니에게 나는, 사랑에 눈 먼 아들과 당신의 전부였던 아들을 빼앗아 간 미운 며느리였다.

그런 줄로만 알았다. 그날 그 자리가 없었다면 지금도 그렇게 기억될 어머니였다.

치매에 걸린 어머니는 어린 시절로 돌아가 살다가 가끔 우리 부부의 연애시절로 시간 여행을 갔다. 그날도 그런 날이었다. 그리고 어머니의 진심을 알게 된 날이었다. 그녀는 나를 처음 보았던 때부터 '세상 최고 진국이며 당신을 맡길

아이'로 마음에 둔 것이었다. 그날, 안사돈의 며느리 사랑을 알게 된 후 엄마는 더욱더 그녀에게 다정했다. 어머니는 여전히 "이상한 할매야." 했지만 엄마를 대하는 눈빛과 행동이 부드러워졌다. 살벌하기만 했던 안사돈들의 동거가 달콤해진 것이었다.

  어머니의 별세 후 엄마는 세탁소 옷걸이를 모으는 버릇이 생겼다. 누가 물으면 "이게 선생님이야." 하며 웃곤 했는데 당시에 나는 이해할 수 없었다. 육십여 년을 동고동락하던 남편을 여의고 딸네 집에서 외로움을 견딜 때 고통을 주던 안사돈의 옷걸이 아니었던가? 그런데 그것을 애지중지하며 모으는 것을 어떻게 이해해야 하는 건지 알 수 없었다. 그리고 일 년 후 엄마도 어르신들 곁으로 갔다.

  머리가 희끗해지는 요즘에야 엄마의 마음을 알 수 있을 것 같다. 어쩌면 미운 정 고운 정이 다 든 '사돈 할매'가 그리워 그랬던 것은 아니었을까?

  나들이하기에 좋은 햇살 가득한 날이다. 달콤한 라떼 두 잔과 소주 한 병을 들고 어르신들을 찾아보아야겠다. 어머니가 거기서도 엄마 앞에서 아들 자랑을 하고 있을 것 같다.

  "우리 아들 본 적 있수?"

마음에 부는 바람

    시어머니의 기일이다. 비 개어 쾌청한 아침, 경기도 이천 용학사로 향했다.
  목탁 소리 은은한 대웅전을 지나 들어선 목련관은 언제나처럼 청결하고 고요했다. 시부모님의 유골함을 모신 이 관에는 훗날 우리 부부가 들어갈 단도 조성되어 있다. 돌보아 주시는 지장보살님께 분향과 삼배를 올린 후 고인의 극락왕생 봉안단 앞에서 이배를 올렸다.
  "어머니, 아버님이랑 재미있게 지내시지요?"

어머니가 환하게 웃는다. 치매는 완치된 것 같다.

시어머니가 80세에 얻은 치매로 6년간 어린아이로 살다가 돌아가셨다. 병환 초기 때 경로당에 출입했었는데 가기 싫어해 아침마다 실랑이를 했다. 어머니는 새로 이사한 아파트의 길을 익히지 못했고 사람들과도 심하게 낯을 가렸다. 할 수 없이 손을 잡고 출퇴근을 했다. 여러 사람과 식사하는 것도 불편해하셔서 점심때 늘 모시러 갔었는데 그때마다 속도 상하고 마음도 아팠다. 어머니는 아침에 내가 앉혀 놓고 나왔던 그 자리에 그대로 앉아 나를 반겨주기 때문이었다. 모자를 끌어안은 채 몇 시간이나 움직이지 않았던 것이다. 어서 사람들과 친해지기를 바라는 마음에 매주 피자나 요구르트, 과일 등 할머님들 간식거리를 넣어드렸다. 그래도 별다른 변화가 없어 불안하기만 했다.

당시 우리 집은 개인주택이었고 그 아파트는 졸업을 앞둔 딸을 위해 학교 앞에 임시로 얻은 것이다. 그해 여름, 어머니가 덜컥 치매에 걸렸고 비좁았지만 온 식구가 그 아파트로 들어갔다. 환자를 돌보기에는 주택 화장실이 불편했고 무엇보다 허술한 대문이 문제가 되었다.

그게 최선이라 여겼고 그때 난 몰랐었다.

어머니는 그 주택에서 40년 가까이 살았다. 나의 신혼 방을 차린 곳이기도 하고 아버님 장례를 치른 집이기도 했다. 우리 동네가 초행인 사람이 아무나 붙들고 "한춘자 어르신 댁이 어디에요?" 하면 길 가던 모든 이들이 그를 우리 집 안채까지 안내해 주었다. 김장 때면 집집마다 어머니에게 순번을 받아 갔다. 잔치 같았던 김장을 온 동네 아낙들이 품앗이로 하던 때였고 그 중심에 시모가 있었다. 갑자기 일이 생긴 새댁의 아이들은 우리 집 마당에서 뛰어놀거나 안방에서 잠을 자곤 했다. 남녀노소 누구에게나 친화력 갑인 어르신이었기에 우리 집은 늘 사람으로 북적였다. 대문이 허술하면 어떠했으랴. 기억을 잃었어도 문을 나서면 모두가 그를 반기는 사람이었거늘. 치매라는 알 수 없는 세상에 들어선 어머니는 설상가상으로 낯선 곳, 낯선 사람들과 섞이게 된 것이다. 생활하기 편한 곳이 최선이라 여겼던 내가 어리석었다는 것을 그땐 몰랐었다.

경로당에 출입한 지 달포쯤 지난 어느 날 집으로 가는 길이었다. 어머니가 나를 잡은 손에 살며시 힘을 주었다. "저 할매가 나 과자……." 곁눈질로 가리키는 방향을 보니 옆

동에 사는 할머니였다.

"어머니, 떡국 끓이는데 같이 드시자고 할까요?"

그날부터 어머니에게 친구가 생겼다. 온 동네를 호령하던 분이라고는 상상도 못 할 만큼 시모는 소극적이 되어 있었다. 아파트 현관에서 경로당까지 10분이 채 안 걸리는 거리였다. 경로당 코앞에 벤치가 있었는데 어머니는 그곳에 얌전히 앉아 기다리다가 할머니가 오면 빙긋 웃으며 함께 걸었다. 그래도 내 손은 놓지 않았다. 여전히 매주 간식을 넣어드렸지만 전처럼 불안했던 마음은 가셔졌다. 모시러 가면 앉았던 자리가 바뀌어 있었기 때문이다. 그리고 어느 날부터인가 어머니는 가방을 메고 나보다 먼저 현관에 서 있었다.

"경로당 가시게요?" "응."

배시시 웃었다. 그는 그곳 사람들과 인연을 맺어가고 있었다. 가는 연줄에 매달린 연을 보는 것 같아 늘 안타까웠지만, 경로당 입구에서 먼저 내 손을 놓으며 고개를 끄덕여 주는 날에는 죄송한 말이지만, 대견해 보이기까지 했다.

아파트 계약기간이 끝났다. 본가는 빈집으로 관리하고, 살고 있던 아파트 단지 안에서 집을 구하기로 했다. 가능하면 경로당 가까운 곳으로 구해달라고 부동산에 신신당부를 했다. 하지만 나온 매물이 어르신 오르내리기에 힘든 경사

지대 위쪽뿐이었다. 다른 물건을 기다리는데 남편이 애초에 고르지 못한 지대에 지은 아파트라며 평지를 찾아 다른 동네를 고집했다. 순한 사람이 고집을 세우기 시작하니 당할 수가 없었다. 그나마 경로당이 넓고 시설이 잘 되어 있어 위로가 되었다. 그런데 어머니를 모시고 이사 가던 날 왠지 마음 한쪽이 서늘했다. 아니나 다를까 이제 입주하는 아파트라 부녀회 결성이 안 되어 경로당 운영을 못 한다는 것이었다. 한 달 두 달 미루어지는 것이 영 불안했다. 어르신의 기력이 점점 떨어지고 있었다. 처음에는 산책길에서 만나는 사람에게 서툰 미소라도 짓더니 집에서만 지내는 날들이 오래 되자 나가려 하지도 않고 사람을 만나도 표정에 반응이 없어졌다. 빨리 경로당을 운영해 달라고 아파트 관리실로 통장 댁으로 정신 나간 사람처럼 쫓아다녔지만 그들의 답은 막연했다. 5개월이 지난 후에야 '경로당에서 아파트 어르신들을 모십니다.'는 현수막이 여기저기 펄럭였다. 하지만 어머니는 갈 수 없었다. 그 몇 개월 동안 그는 사람들과 어울리는 방법을 영 잊어버리고 말았다. 식구들 이외의 사람들을 경계하고 무서워했다. 그 후 어머니는 6년 동안 내 등 뒤에만 계시다가 영면에 드셨다. 친척들이 넉넉했던 생전의 어르신 성품을 기리며

"더 고생 안 하고 떠나신 걸 다행으로 생각해라."
내 등을 토닥였을 때도 나를 놓지 않고 괴롭히던 질문이 있었다.
'주택에서 계속 모셨더라면 좀 덜 힘드셨을까?'

8년이 지났다.
어머니는 이미 레테의 강물을 마셨을지언정 유골함 앞의 나는 아직 그의 마음자락을 잡고 있다. 함께 산 28년 동안 못해 드렸던 것만 생각나 훌쩍 놓지 못하는 때문이다.
단의 앞 유리를 반짝반짝하게 닦았다.
"잘 내다보여 시원하시죠?"
사진 속 어머니는 함박 웃는데 내 마음에는 아직 바람이 분다.
사랑이라는 부모의 강물에서 자식은 불효라는 조각배를 타는 것이 숙명인가 보다.

한춘자표 김장김치

갓 담은 싱싱한 김치 냄새가 사방으로 번졌다. 시누이가 가져온 김장김치다. 고이는 침을 삼키며 쭉 찢어 둘둘 말아 한입에 쏙 넣었다. 와작와작, 이른바 덜 절여진 배추가 다시 밭으로 가려 할 때의 소리가 났다. 시어머니 김치가 내던 소리였다. 동시에 터지는 화려하면서도 깔끔한 맛! 입 안 가득 탯줄 같은 고향의 맛이 돌고 순간 시간이 거꾸로 날았다. 질끈 감았던 눈을 뜨자 나는 김장을 하느라 한참 북적거리는 마당 한가운데에 서 있다. 뜨락 한편에 배추가 산처럼 쌓여 있고 어머니가 잰 몸짓으로 집 안을 휘젓고 다닌다. 시누이와 내가 소녀들처럼 속닥이며 키득거리고, 윗옷을 벗어젖힌 채 삽을 든 남편이 그늘진 텃밭에 독을 묻으며 힘자랑을 하고 있다.

개인주택에서 살던 때였다. 겨울이면 김장을 하느라 온 동네가 들썩였는데 여느 집과 다르게 우리 집은 추위가 기승을 부리는 날을 골라 김치를 담갔다. 음식솜씨가 좋은 시어머니였다. 김장 역시 누구보다 맛있게 담갔는데 그의 지론에 따르면 서릿발 날씨도 '한춘자표 김장김치' 비결에 들어 있다는 것이었다. 그런 날, 시누이와 나는 배추 70포기를 칼로 가르고 쪼갰으며 그 채소들은 한밤중이 되어서야 소금물 통에 담겼다. 오래 절이면 아삭거리는 식감과 달콤한 맛을 놓치게 된다며 어머니는 달마저 퍼렇게 질린 야밤중에야 소금물을 만들었다. 통에 담긴 배추의 뽀얀 속살 위로 굵은 소금을 훌훌 뿌리고 뚜껑을 덮으면 김장에서 가장 중요한 배추 절이기가 시작되는 것이다. 그리고 새벽 3시에 한 번, 6시에 또 한 번 뒤집어 주어야 한다.

추위에 떨며 배추와 씨름을 했던 나는 달궈진 온돌에 몸이 닿자마자 물에 잠긴 김처럼 풀어져 버렸다. 부산한 소리에 놀라 일어나 보니 어느새 날이 훤해지고 있었다. 배추를 뒤집어 주어야 한다는 생각을 꼭 붙잡고 있었는데 지친 몸이 그만 그 줄을 놓쳐버린 모양이었다. 허둥거리며 밖으로 나가니 반가워하는 시누이 눈빛과 마뜩찮아 하는 시어머니 눈초리가 동시에 내 얼굴에 꽂혔다.

"나오지 마. 다 했어. 자다가 나오면 감기 걸려." 시누이의 따뜻한 말에 용기를 얻어

"어머니, 저도 깨우지 그러셨어요."

하고 마당으로 내려가 무가 가득 담긴 통 앞에 앉았다. 김장속으로 쓸 무는 채칼에 벅벅 문지르면 쉬울 텐데 어머니는 칼로 쳐야 맛있다며 굳이 손칼 채를 고집했다. 반접이나 되는 무를 치느라 시누이와 내 손바닥에는 물집이 잡혔다. 그런데도 뭐가 좋은지 우리는 머리를 맞대고 킥킥거렸다. 무채가 수북이 쌓일 즈음 이웃 아주머니들이 모였고 비로소 김장이 시작되었다.

아주머니들 중에 막걸리도 잘 먹고 입심도 좋은 이가 있었다. 추운 날 힘든 김장 판이 그의 입담에 한바탕씩 뒤집어지곤 했는데 주로 19금에 해당되는 것들이었다. 나와 시누이는 얼굴이 빨개지고 어머니는 난처한 표정으로 웃음을 터트렸으며 아주머니들은 배추를 두드리며 박장대소를 했다.

수의를 주문받아 짓던 이였는데 아무리 술과 만담에 취했어도 반드시 한 벌은 주문받아 가곤 했다. 어머니 수의도 어느 해 김장하던 날 주문을 받아 곱게 지어주었다.

사람 북적이는 것을 좋아해 시종 상기된 얼굴로 웃었지만 어머니의 매운 눈은 아주머니들의 손끝을 한 치도 허투루 보지 않았다. 무채를 고운 고춧가루로 붉게 물들인 후 간수 뺀 소금과 추젓, 까나리액젓으로 간을 맞추었다. 싱싱한 생새우는 고소함을 더해주었다. 여기에 구수한 찹쌀 죽과 매운 마늘을 넣고 갓, 양파, 대파, 쪽파와 함께 버무리면 배추속이 완성되었다.

이 단순한 속이 배추와 어우러져 숙성되면 사이다처럼 톡 쏘는 맛을 내는 것이 참으로 신기했다. 어머니가 매의 눈으로 가늠한 재료의 비율이 그 화려한 맛을 만들어내는 것이다.

'한춘자표 김장김치'가 점차 완성되어 가면 나와 시누이는 얼른 부엌으로 들어가 밥을 안치고 삼겹살을 삶았다. 내가 가장 잘하는 요리가 '된장 보쌈'이므로 이때가 되면 절로 신이 났다. 고기 익는 냄새가 부엌과 마루를 넘어 마당으로 퍼져 가면 아주머니들의 김장 뒷설거지가 빨라졌다. 그리고 뜨끈한 온돌방 교자상에 둘러앉아, 시누이가 참기름과 깨를 듬뿍 넣고 무친 겉절이에 보쌈을 싸서 달게 먹었다. 맛있게 잘했다는 아주머니들의 칭찬에 우리는 얼굴을 붉히며 고된 하루를 잊곤 했다.

내가 시집간 지 13년 만에야 나와 시누이가 속 버무리는 통을 차지하게 되었다. 품앗이하는 이들도 우리 친구들로 바뀌었다. 김장에도 세대교체의 바람이 분 것이다. 주역을 맡게 된 것에 으쓱함도 있었지만 사실 불안감이 더 컸다. 소한이 지나고 텃밭에 묻힌 김장독을 열던 날 우리는 두 손을 맞잡고 깡충깡충 뛰었다. 우리가 담근 '한춘자표 김장김치'도 입 안을 톡 쏘며 사이다 맛을 내고 있는 것이었다.

그 맛은 15년이 지난 오늘도 이렇게 변함이 없다.

시누이의 맛난 김치를 먹으며 그 추웠던 날들의 그리운 추억을 새록새록 떠올렸다. 김장독 앞에서 기뻐하던 우리에게 고개를 끄덕여 주던 어머니는 올 초, 고인이신 아버님 곁으로 떠났다. 이렇게 둘러앉아 당신이 물려준 맛의 김치를 먹으며 도란거리는 모습을 본다면 어떤 표정을 지을까?

"저는 이번 주말에 담아요. 이렇게 맛있어야 할 텐데요."

"아휴, 나보다 올케가 더 엄마 맛을 잘 내는 걸."

시누이의 말은 진심이다. 26살에 결혼해 곁을 떠난 자신보다, 시집와 28년을 어머니와 함께 살았던 올케가 더 엄마의 손맛을 잘 낸다는 것이다. 쌩끗 웃는 그녀의 눈과 마주치자 마음이 따스해지는 동시에 어깨가 지그시 무거워진다. '한춘자표 김장김치', 어머니의 그 톡 쏘는 맛을 변함없이 간직해야 하는 가장 큰 이유이다.

엄마의 양념게장

이른 새벽, 연안부두 수산시장에 들어섰다. 설을 이틀 앞둔 시장은 오가는 사람들의 어깨가 부딪칠 만큼 북적였고, 바닥을 꽉 채운 물통에서는 물고기들이 살얼음을 차고 튀어 올랐다. 펄떡이는 생물을 사이에 놓고 장사꾼들은 벌겋게 상기된 얼굴로, 소비자들은 요리조리 들여다보며 흥정하느라 하얀 입김을 내뿜었다. 시끌벅적한 시장 광경에 흥이 솟고 입꼬리가 절로 올라갔다. 함께 간 시누이도 싱글벙글이었다. 우리는 꽃게를 사러 왔다.

수많은 인파에 치이듯 휩쓸리면서도 물 좋은 게를 찾아 날카롭게 더미들을 훑었다. 마침내 눈에 확 들어오는 것이 있었다. 등딱지가 검고 울퉁불퉁하며 몸통이 통통한 것으로 보아 분명 알로 꽉 찬 게들이었다. 노련한 장사꾼이 가장 큰 놈을 번쩍 들어 보이며 작년 11월에 급랭한 것이라 했다. 10kg들이 두 상자를 30만 원에 흥정해 친정집으로 들고 갔다. 먹거리에 유독 까다로운 친정엄마이다. 마음에 들어할까 하고 내심 걱정했는데 꽃게를 들여다본 엄마가 "잘 샀네." 했다. 벌떡 일어나 까치발로 서서 엉덩이춤을 추었다. 머리 희끗한 막내딸 재롱에 엄마가 앞니만 있는 입을 활짝 벌리며 껄껄껄 웃었다.

설음식은 장만하기도 힘들지만 막상 상을 차려도 젓가락 갈 곳이 없다. 명절이 다가오면 어떤 음식을 장만하나 하는 생각으로 머리가 무거워진다. 게다가 이번 설에는 새로 맞은 사위에게 명절 상을 차려 내야 한다. 슬며시 장모 손맛도 보여주고 싶은 욕심인데 마음만 앞서지, 이거다! 하고 탁 잡히는 것이 없었다. 이 궁리 저 궁리로 심란해하며 친정엄마와 통화를 했다.

"인천으로 내려와. 싱싱한 게로 양념게장 담아다가 문 서방 먹여라. 지난번에 보니까 맛나게 먹더구나."

역시 엄마의 눈썰미는 특출 났다. 손녀사위의 음식취향을 단번에 알아차린 것이었다. 그러고 보니 새신랑이 할머니께 인사드리던 날 그 많은 찬 중 양념게장 그릇을 깨끗하게 비웠던 것이 생각났다. 엄마의 손맛은 흉내조차 낼 수 없는 것이라 다음 날 동트기 바쁘게 인천으로 갔다. 내가 친정으로 게장 담그러 간다고 하자 옆집 사는 시누이도 좋아라 하고 함께 나선 길이다.

친정언니까지 합세해 게를 다듬기 시작했다. 등딱지며 다리 사이를 솔로 박박 닦아 통에 담고 보니 그 엄청난 양에 절로 한숨이 났다. 하지만 머뭇거릴 새가 없었다. 생물의 싱싱한 맛은 다듬는 속도에 달린 때문이다. 단단하게 붙어 있는 게딱지를 떼 내어 몸통은 시누이에게, 딱지는 친정언니에게 주었다. 시누이는 몸통의 잔여 불순물을 제거하고 4등분해 큰 통에 담았고 언니는 등딱지 속에 꽉 들어찬 주황색 알과 투명한 막을 알뜰하게 떼 내어 작은 통에 담았다. 홍고추와 파, 마늘, 생강 등속까지 다듬자 엄마가 휠체어를 밀고 주방으로 들어왔다.

"고춧가루는 이것 말고 순한 걸로 내. 이게 매웠던지 겉절이를 못 먹더구나."

 역시 엄마의 손맛은 관심과 배려에서 나오는 것이었다. 엄마의 밥상에는 늘 많은 사람들이 앉았다. 신기하게도 엄마는 그 모든 이들의 식성을 꿰뚫고 있었다. 간은 물론이고 심지어 "저이는 국물을 저이는 건더기를 더 넣어주어야 해."라며 대접했다. 음식은 맛뿐 아니라 세심한 관찰에서 완성된다는 것을 엄마는 알게 해주었다.

 "버무릴 통에 고춧가루를 부어봐. 그만하랄 때까지 부어. 간장하고 설탕, 매실엑기스 붓고."

 엄마의 눈대중대로 재료들을 넣자 엄마는 어른 팔 길이만큼 긴 나무주걱으로 휘휘 저었다.

 "응, 좋네. 여기에다 모아놓은 알 섞고 채소들 넣어라."

 양념은 곧 윤기 자르르 도는 붉은 색이 되었다. 잘됐으니 맛봐, 하는 엄마의 말에 언니와 나는 약속이나 한 듯 시누이에게 눈짓하며 웃었다. 우리 중 가장 음식솜씨가 좋기 때문이었다. 겸양의 미소를 지으면서도 선뜻 양념을 찍어 먹은 그녀가 놀란 듯 눈을 동그랗게 떴다. 우리도 얼른 찍어 먹었다. 매콤하고 슴슴하며 고소하고도 달콤한 맛이다. 저절로 엄지손가락이 올라갔다. 엄마는 당연하다는 듯이 자신만만한 미소를 지었다. 우리는 게살이 으깨지지 않게 조심조심

2부 그리움은 진행 중 107

꽃게를 버무리고 통깨를 듬뿍 뿌려 마무리했다.
 "양념 국물은 밥 비벼 먹어. 명절에는 매운맛도 죽고 알이 녹아들어서 맛날 거야. 우리 손녀사위 먹이고 많이 싸 보내줘."
 엄마가 흐뭇하게 웃었다. 언니도 시누이도 든든한 명절 음식을 장만했다고 즐거워했다.

 다른 때와는 달리 기다려지는 명절이다. 양념게장 덕분이다. 아니, 사위의 입맛을 알아챈 친정엄마의 관심 어린 눈썰미와 손맛 덕분이다. 맛있는 음식이란 사랑이 담긴 것이라는 것을 엄마는 또 알려주었다. 음식이 그럴진대 사람의 마음에 있어서는 더할 나위가 없을 것이다. 살뜰히 살펴 좋을 때는 함께 즐거워하고 외로울 때는 그 마음을 헤아려 나눈다면 세상은 엄마의 양념게장처럼 맛깔날 것이다.
 엄마의 그림자는 한없이 길다. 한 자락이라도 이어받아 딸들에게 그늘을 만들어 주어야 할 텐데 하는 마음이다.

굴비와 바나나

　　　　모전여전이라더니 나를 닮아 딸도 입덧을 심하게 했다. 어쩔 수 없이 신혼부부가 우리 집으로 들어와 지내던 어느 날이었다. 냄새를 없애려 식탁에 양초를 켜는데 부부가 봉투 하나를 살며시 올려놓았다.
　"시부모님이 굴비 사서 엄마 드리라는데, 우리가 잘 몰라서요."
　손사래를 치며 마음만 받겠다는 내게 딸 내외가 어르신들 명이라며 한사코 내밀었다.

"그래, 나보다는 아들 먹거리로 주시는 걸 거야. 문 서방, 맛나게 구워줄게."

하자 사위가 고개를 절레절레 젓다가, 실은 입덧이 심한 제 아내의 먹거리라고 이실직고했다. 얼굴까지 벌게진 그를 보고 모두 함빡 웃음을 터트렸다. 그러고 보니 그때, 신기하게도 딸이 찐 굴비 살을 조금이나마 먹고 있었다. 사돈 내외의 감사한 마음이 따뜻하게 전해져 왔다. 그리고 문득 삼십 년 전인 1987년, 친정집 앞 건널목에 서 계시던 시아버님이 떠올랐다.

지독했던 나의 입덧은 지금 생각해도 괴로울 지경이었다. 작은아이를 임신해서는 더욱 심했다. 물만 마셔도 토악질을 하고 몇 날을 굶고 있으니 어찌할 바를 모르던 시어른들이 나를 친정으로 보내주었다. 대문 밖에서 서성이던 친정엄마가 바짝 마른 내 손을 잡고 "나를 닮아서." 하며 눈가를 적셨다. 그런데 참 신기한 일이 일어났다. 친정집에 들어서자 나를 괴롭히던 냄새들이 군침 도는 먹거리로 바뀌었다. 마침 미역국이 보글보글 끓고 있었다. 비 오듯 땀을 쏟으며 국 한 냄비를 다 먹고 단잠에 빠졌다. 꼬박 일주일 동안 아랫목에 누워 끓여주는 음식과 인삼차를 한 모금씩 넘겼다. 곧 앞아 있을 만큼 몸이 회복되었고 날카롭게 반응하던 속도 누그러졌다. 친정 식구들과 둘러앉아 웃을 만해지니 시댁에 두고 온 딸이 사무치게 보고 싶어졌다. 남편은 사우디 현장에 파견 근무 중이라 하루 한 번씩의 통화가 전부였다. 허전하고 서러운 감정이 몰려왔다. 그런 내 마음을 친정엄마가 금방 알아챘다.

"네 새끼 어디 안 가. 시어머니가 금쪽같이 보살펴 주시니까 걱정 말고 널랑은 더 먹고 더 쉬어."

하며 등을 쓸어주었다. 고개를 끄덕였지만 아장아장 걷는 딸아이의 모습이 어른거려 눈물이 뚝뚝 떨어졌다. "이렇게 철없는 걸 봤나." 부모님은 나를 보낼 수도 안 보낼 수도 없어 애만 태웠다. 그러던 어느 날, 시아버님의 연락을 받았다. 갑자기 사돈댁으로 들어가면 어른들이 급해지시니 조용히 너만 잠깐 나왔다 들어가라는 전화였다. 깜짝 놀랐다. 당시 아버님은 허리 디스크를 앓고 있어 걸음이 몹시 불편했기 때문이었다. 허둥지둥 밖으로 나가니 길 건너편 공중전화 박스 옆에 아버님이 서 있었다. 한 손에는 지팡이를, 다른 한 손에는 큼지막한 바나나 한 송이가 들려 있었다.

"아범이 사우디에서 바나나를 보냈어. 아기 것만 남기고, 네 몫이지 싶어서 가져왔다."

너무나 반가워 지팡이 쥔 손에 매달렸다. 내려다보는 아버님 눈이 미소 속에 다 묻혀 감긴 것 같았다.

"혜준이는 잘 놀아, 제 할머니를 가만히 있게 두지 않아. 튼튼하게 잘 노니까 걱정 말고 편히 쉬었다 오너라."

내 손에 바나나를 올려주고 얼굴을 잠깐 들여다보던 아버님이 고개를 끄덕였다.

"좀 좋아졌네, 사돈님들이 고생하셔. 고맙다고 전해드리고."

하고는 지팡이를 돌려 세웠다. 나는 바나나를 들고 우두커니 서서 바라보았다. 회색 바바리 닐찍한 등에서 바나나를 맛나게 먹는 아이의 얼굴이 보이는 것 같았다. 아버님은 내가 딸 생각에 눈물지을 것을 알고 있었기에 불편한 몸을 이끌고 와 안부를 전해준 것이었다. 친정 부모님들은 어르신을 그렇게 보냈다고 야단이 났지만 내 눈물은 그날로 멈추었다. 한 열흘 더 묵은 친정에서 콩나물 김칫국까지 한 사발 다 먹게 되었을 때 시댁으로 돌아왔다. 그리고 몇 달 후 보름달같이 통통한 작은딸을 낳았다.

노우지독老牛舐犢으로 세상은 영겁을 이어간다. 편치 않은 몸을 지팡이에 의지해 며느리를 찾아주었던 시아버지의 염려 속에 튼실한 내 딸이 태어났고, 며느리를 돌보아 주는 안사돈에게 감사를 전하고픈 사부인의 마음 덕분에 건강한 손주가 태어날 것이다.

귀하고 귀한 바나나와 굴비의 맛은 천하 일미였다.

Say good-bye

　　내게 지중해를 꿈꾸게 했던 청년이 있었다. 프랑스 배우, 알랭 파비앵 모리스 마르셀 들롱이다. 우리나라에서는 아랑 드롱이라고도 한다. 20대 초반, 영화 「태양은 가득히」에서 그 청년을 보았을 때 버킷리스트 목록에 '남프랑스에서 아랑 드롱 만나기'를 넣었다. 지천명 고갯길을 넘던 2015년 모나코에서 만나지는 못했으나 그가 묵었다던 호텔을 볼 수 있었다. 호텔은 바닷가 산책로 가까이에 있었고, 마치 그가 발코니에 서 있는 것 같아 설레는 마음으로 한참을 올려다보았었다.

이 작품에서 아랑 드롱은 갑부인 친구를 살해하고 그의 행세를 하며 완전범죄를 꿈꾸다 발각되는 주인공 톰 리플리 역을 맡았다. 에메랄드빛 지중해에 흰 돛을 단 배가 떠 있고 우수에 찬 청년의 눈동자가 바다보다 푸르다. 살인을 저질렀음에도 보는 이들의 연민과 동경을 한 몸에 받게 하는 비주얼이다. 이 영화로 그는 일약 스타덤에 올랐다.

주인공 이름 톰 리플리에서 '리플리 증후군'이라는 병명이 유래되었다. 이는 '스스로 지어낸 거짓말을 믿어버리는 정신적, 그러나 임상적으로는 존재하지 않는 상태'를 말한다. 「태양은 가득히」는 2020년 리메이크되었는데 영화 제목은 「리플리」이다. 맷 데이먼이 주연을 맡았다. 데이먼도 물론 멋지지만 '화려한 지중해의 고독한 청년'에는 역시 아랑 드롱이다. 나는 지금도 오리지널 영상에서 흔들리는 그의 푸른 눈에 빠지곤 한다.

2022년 3월, 88세의 아랑 드롱이 안락사를 결정했다는 외신을 접했다. 2019년 뇌졸중 수술 후 급격히 건강이 악화되어 "건강이 더 나빠지면 안락사를 선택하기로 결심했다."고 알렸다. 평소 "누구나 병원을 거치지 않고 사라질 권리가 있다."고 밝혀왔던 그는 지금 안락사가 가능한 스위스에서 국적을 취득해 살고 있다.

웰 다잉은 현대인의 관심사 중 하나이다. 개념으로는 무의미한 생명 연장치료를 거부하는 존엄사를 포함한다. 우리나라에서는 2018년 '호스피스·완화의료 및 임종 과정에 있는 환자의 연명의료결정에 관한 법'이 시행되었다. 이는 환자가 자기의 결정이나 가족의 동의로 연명치료를 받지 않을 수 있도록 하는 법이다. 현재 국내에서 존엄사를 서약한 사람은 120만 명에 가깝다고 한다. 산다는 것의 의미를 '타인에게 무엇인가를 해줄 수 있는 때'에 두는 내게도 존엄사는 반가운 것이다.

나는 양가 어르신 병시중을 오랫동안 들었다. 그분들과 인생 마지막 길의 통과의례처럼 거치는 긴 병원생활을 함께하며 결심한 바가 있다. 바로 웰 다잉이다.

부모는 누워만 있어도 자식들에게 든든한 존재이다. 하지만 투병생활에 지친 분들의 속마음을 간과했다는 죄책감에서는 벗어날 수 없다. 친정아버지가 뇌졸중으로 몇 번의 수술과 중환자실 입·퇴원을 반복하던 어느 날이었다. 집으로 119대원들이 들어오자 자식들에게 하신 마지막 말씀이 "이

제 그만하자."였다. 하지만 연명치료를 원했던 가족들 의지에 아버지는 더 오랫동안 병원생활을 한 후 영면에 들었다. 장지에 모신 후, 자식들 욕심에 아버지가 고생하지 않았나 싶은 생각으로 잠 못 이루는 날들이 많았다. 시부모님도 마찬가지였다. 부모라는 이름의 그분들은 가시는 날까지 자식을 '효자, 효부'로 만들어주느라 애를 쓴 것 같다.

"난 존엄사 찬성이야. 미리 말해두는 거야."

21세기를 살면서도 생각은 중세 언저리에서 사는 두 딸이 언짢아해도 할 수 없다. 내가 사랑했던 이들과 편안한 가운데 say good-bye를 나누고 싶다. 무엇보다 일생 나를 위해 아프고 또 힘들었던 이 몸에게 품위 있는 마지막을 선사해주고 싶은 것이다.

이 글이 효력을 발휘할 수 있으리라 굳게 믿으며 크게 말한다.

"남편, 딸들아. 부탁해요. 예쁜 영옥이로 보내주면 고맙겠어요."

아랑 드롱, 내게는 영원히 푸른 눈의 젊은이이다.

지중해의 햇살이 눈부셨던 「태양은 가득히」 화면에서 화석이 된 아름답고도 고독한 청년. '세기의 미남'에서 '시대의 아이콘'으로 거듭난 그에게 손 편지를 부치고 싶다.

'행복한 say good-bye와 well-dying을 기원합니다. 한국의 올드팬.'

백신과 비자금

카톡방이 시끌시끌해졌다. 그 소란을 비집고 올라온 문자 한 줄,

'저는 간이 유서를 써놓았었어요. 애 아빠 재혼 절대 안 됨!'

순식간에 웃음보 터진 이모티콘들이 올라와 화면에서 데굴데굴 굴렀다. 내일 코로나19 백신을 맞으러 가야 하는데 떨린다는 내 말에 먼저 접종했던 이들이 내놓는 에피소드였다.

이번 백신이 기저질환을 가진 사람에게는 치명적일 수 있다고 하는데 내게도 그런 종류의 질병이 있다. 이 방에 모

인 이들도 환갑을 넘긴 나이로 모두 비슷한 처지에 있다. 우리는 아이들 학부모로 만나 20년 넘게 인연 짓고 사는 중이다. 그 세월 동안 가슴 조이며 오고 갔던 수많은 병문안과 안타까운 눈물로 지켜볼 수밖에 없었던 가정사를 함께 겪으며 친자매와 다름없는 사이가 되었다. 못 할 말이 없고 안 할 말이 없다. 실컷 웃다가 다시 글을 올렸다.

'저, 비자금 다 털어놓고 주사 맞아야 하는 건지 심각하게 고민하는 중. ㅋㅋㅋ'

'아직도 그런 돈이 남았느냐'느니 '절대 바로 죽지 않으니 꽉 쥐고 있어야 한다'느니 이런저런 우스갯소리로 방이 또 떠들썩해졌다.

'자기네들한테 밥 몇 번 사면 바닥나는 만큼이에요.'

얼마나 마련해 놓았느냐는 질문에 이렇게 답을 했더니 우리가 상어지느러미를 먹게 생겼다며 또 한바탕 웃었다.

내게는 평생 만들어 온 비자금 통장이 종류별로 있었다.

"딸 가진 엄마들은 꼭 있어야 해. 마치 데려온 자식처럼 남편 몰래 지원해 줘야 할 상황이 생기거든." 일찍이 이렇게 충고해 주는 선배들의 조언에 따라 만들어 왔던 딸들용과 남편 퇴직 때 그에게 줄 깜짝 선물용 통장이었다. 퇴임식을 하고 돌아온 남편은 내가 안겨준 축하 뽀뽀와 '좋아하는 운동 맘껏 하세요.'라는 문장이 담긴 통장을 받고 목이 메도록 감격했다. 월급 통장이 유리알 같다는 것을 누구보다도 잘 아는 남편이다. 그러나 그 투명 봉투에서도 이리저리 비자금을 모을 수 있는 것이 여자라는 것은 전혀 모르고 사는 남자인 것이다.

딸들용 통장도 그리 오래가지는 못했다. 남편은 어떻게 해서든 딸들에게 무언가를 해주고 싶어 내 눈치를 살폈다. 내가 엄마인지 그가 엄마인지 모를 지경이었다. 차라리 비자금을 내 주면 그이가 규모 있게 계획할 수 있을 것 같아 몇십 년 모은 것을 어느 날 덜컥 내주었다. 새로 산 70인치 TV 화면만큼이나 커진 그의 눈을 보며 힘주어 말했다.

"나 다 털었어요. 이젠 딴 주머니 전혀 없어요."

물론 거짓말이다. 비자금 가지고 주식을 해 큰돈을 만드는 이도 있지만 난 그렇게 배포가 크지 않다. 정말 지인들과 식사 몇 번 하면 없어질 만큼의 액수이지만 아직 쥐고 있다. 문제는 가끔씩 그것을 어디다 두었는지 잊어버린다는 것이다. 그래서 이젠 이것도 공개해야 할 것 같다는 생각을 하던 중에 백신 접종 날짜를 받았다.

그런데 이번 백신은 누구도 예방과 부작용에 대한 확신을 못 하고 있다. 여기저기에서 터지는 불미스런 이상반응 보도에 심각한 기저질환을 가진 지인 부부는 아예 접종 생각을 안 하고 있다. 얼마나 마음이 불안하고 아플까 싶어 그들 앞에서는 백신 얘기를 전혀 꺼내지 않는다. 나 역시 포기하고 있다가 이제야 잔여백신을 신청한 것이다. 항체 형성이 안 돼 못 만나게 될 손자들을 향한 상사병으로 죽으나 부작용으로 가게 되거나 마찬가지라는 극단의 생각으로 선택한 것이었다.

'걱정하지 말고 푹 주무세요. 백신 맞아도 며칠 아프다 말더라구요.'

내 비자금 공개에 대한 가부 결정을 못 내린 채 덕담만 남은 카톡방 만남을 접고 잠자리에 들었다. 맞아야 할 백신 생각에 쉽게 잠들 수 없었다. 뒤척이다 보니 살아온 날들이 선연하게 떠올랐다.

쉬지 않고 달려온 인생길이다. 편히 앉아 앨범 정리 한번 제대로 해본 적이 없다. 집안 중심이었던 시아버님의 외며느리로서 해야 할 의무, 늘 현장근무를 했던 남편이었기에 혼자 감당해야 했던 양육과 교육, 차례로 이어진 양가 어르신들 병수발과 장례. 그리고 연이은 딸들 혼인과 손자들의 탄생. 모두 내 몫이었던, 지금도 내 몫인 일들을 해내며 오늘까지 왔다.

지금의 이 불안감이 현실로 닥쳐온다면 과연 갈무리해야 할 일이 비자금뿐일까?

오래전 병환으로 생사의 갈림길에서 헤매다가 살아난 후 내 좌우명은 '오늘도 여생'이 되었다. 언제라도 생길 나의 빈자리이다. 그 자리가 깔끔하기를 바라는 마음에 맡은 일에는 최선을, 안 될 일은 손도 대지 않았다. 서둘러 딸들을 출가시키고 자손 보기를 종용했던 것도 금생에 맡은 업보를 마무리해야 한다는 생각이 컸기 때문이었다.

다시 돌아누웠다.

큰딸네도 작은딸네도 오순도순 행복한 가운데 미래를 가꾸어 나가는 중이다. 나라는 사람이 과거가 되어도 안타까울 뿐 그들의 삶을 살아가는 데는 문제가 되지 않을 것이다. 그러면 됐다.

남편은? 가슴이 철렁한다. 사람들과 어울리는 것을 좋아하지만 낯도 많이 가리고 자식에게조차 아쉬운 소리를 못하는 성품이다. 혼자 앉아 수십 년 묵은 저 사진들을 마냥 닦고 어루만질 것이다. 어쩌면 현관에 놓인 신발이 그대로 삭을지도 모를 일이다. 남편 문제는 마무리가 안 될 것 같다. 아무래도 비자금 통장은 내 주머니에 더 넣어두어야겠다. 오래돼 편안한 이불을 꼭 끌어안고 잠을 청한다. 컨디션 좋은 상태로 백신을 맞아야겠다.

일어나, 힘들어도 지금 일어나

 가슴이 철렁 내려앉았다. 지인의 수려한 수필 앞에서였다.

 쉰 넘어 『한국산문』 산하의 수필반에 들어갔다. 나는 곧, 세상사 이야기를 품고 삭혀 글로 담아내는 매력적인 작업에 풍덩 빠졌다. 학창시절로 돌아간 듯 착실하게 매주 작품을 내고 합평을 받고 퇴고를 했다. 그리고 마침내 등단의 기쁨을 누렸다. 그러나 창작의 환희는 얼마 가지 못했다. 선물 같은 손자들이 태어난 것이었다. 아기들 재롱에 파묻힌 동안 긴 시간이 순식간에 지나가 버렸다. 어느덧 수필은 까맣게 잊혀졌다.

그러다 만난 지인의 작품이었다. 쉼 없이 앞으로 나아가던 그의 글 한 줄 한 줄은 시가 되어 있었다. 기뻐하고 박수를 쳐주었지만 마음이 착잡해졌다.

낯설어진 서재로 들어섰다. 먼지를 털고 책을 펴니 활자는 눈에서 튕겨 나갔고 자판 위에서는 생각과 글자가 물과 기름처럼 겉돌았다. 더럭 겁이 났다. 빈 산소통을 메고 심해에서 길을 잃은 것 같았다.

'이대로 한 줄도 못쓰게 되면 어쩌지?'

허탈감과 두려움에 떨며 종료버튼을 누르려 할 때였다. 단전에서부터 무엇인가 뜨거운 것이 꿈틀대며 올라오고 있었다. 본능의 소리였다.

"일어나, 지금 쉬면 다시는 못 일어나. 힘들어도 지금 일어나!"

대학 1년 여름, 동아리에서 하계수련 템플스테이를 갔다. 통도사 일주문에 다다르자 자상하던 선배들이 갑자기 엄한 모습으로 돌변했다. 하루를 꽉 채운 사찰 일정도 벅찬데 그들은 신입생들에게 방대한 양의 불경 암기를 주문했고 그에 따른 테스트와 개인면담까지 실시했다. 스님들의 죽비보다 선배들 눈빛추달이 더 무서웠다.

하지만 엄한 규율도 스무 살 청춘들 앞에서는 무용지물이 되고 말았다. 매서운 눈을 피해 개울에서 물장난도 치고 잠자리를 잡으러 경내를 뛰어다니곤 했는데 매번 들켜서 벌칙으로 백팔 배를 올렸다. 각 예불 때마다 백팔 배를 하고 벌칙으로 또 절을 했으니 당연히 다리를 절룩이는 친구들이 생겼다. 이쯤 되면 고분고분해져야 할 텐데도 남학생들의 일탈은 계속됐고, 지금 아니면 언제 놀아보냐며 여학생들까지 꼬드겨 같이 벌을 받았다. 영문을 모르는 스님이 신심 좋은 학생들이 왔다고 좋아했다.

나흘째 되는 밤, 작은 법당에서 천팔십 배가 있었다. 목탁 소리와 함께 시작한 오체투지는 고행 그 자체였다. 벌칙으로 단련된 몸이라 처음에는 날아갈 듯 사뿐했는데 시간이 갈수록 점점 무거워지는 몸을 주체할 수 없었다. 육백 배, 칠백 배를 넘어서자 주저앉는 이들이 생겼다. 입 안이 바짝 마르고 낭랑하던 석가모니불 염송은 갈라지고 메말라져 갔다. 선배들이 눈에 불을 켜고 벌칙을 준 이유를 그제야 알게 되었다. 스님들이 소금물을 조금씩 나누어 주었다.

한순간, 합장하고 몸을 일으키는데 불상이 스르르 내게 넘어오는 것이 아닌가! 소스라치게 놀라 정신을 가다듬고 보니 부처님은 정면에 좌정하여 미소 짓고 있었다. 긴 숨을 내고 돌아다보니 절반 이상이 앉았고 내 옆의 동기 둘도 엎드린 채 숨을 몰아쉬고 있었다. 그때 친구들에게 왜 그런 말을 했는지 나도 모르겠다.

"일어나, 지금 쉬면 못 일어나. 힘들어도 지금 일어나!"

하지만 그대로 엎드려 버린 이는 맥없이 포기했고 이를 악물고 일어났던 친구는 미지막까지 함께 했다. 그는 지금도 일 년에 두 번씩 삼천 배를 올린다고 한다. 밤 9시에 시작한 천팔십 배는 새벽 1시가 넘어서야 끝이 났고 열 명 남짓한 인원만 남았다. 나도 그 속에 끼어 법당을 나왔다. 하늘 가득 새벽 별이 시원하게 빛나고 있었다.

절뚝거리는 나를 숙소까지 부축해 주던 선배가 물었다.

"영옥이는 처음이었을 텐데, 중간에 쉬면 못 일어난다는 걸 어떻게 알았지?"

"모르겠어요. 본능인가 봐요. 전 본능에 충실하거든요."

씨익 웃었다.

그때 숙소까지 부축해 주었던 선배는 지금 남편이 되어 있다.

"일어나, 힘들어도 지금 일어나!"

오랫동안 잠자던 본능이 몸속에서 꿈틀대기 시작했다. 사력을 다해 자판 위에 떨리는 두 손을 올린다. 다시 한번 시원하게 빛나는 새벽 별을 보아야겠다.

제사에 대한 인식의 현주소

　모임에서 제사에 대한 이야기가 나왔다.
　"내 대에서 끝내고 싶어요. 아이들에게는 물려주고 싶지 않아요."
　누구인가 한숨처럼 내놓은 말에 너 나 없이 "맞아." 했다. 나 역시 고개를 끄덕이며 미소 짓다가 흠칫했다. 분명 우리의 아름다운 미풍양속인 제사일진대 왜일까? 하는 생각이 들었기 때문이다. 집으로 돌아와서도 며칠 동안 그 질문에 사로잡혀 다른 일을 손에 잡을 수가 없었다. 그리고 2021년을 사는 이들의 '제사에 대한 인식의 현주소'를 살펴보아야 겠다는 생각을 하게 되었다.

장고 끝에 설문지를 작성해 지인들을 상대로 조사를 시작했다.

그런데 조사를 하면 할수록 명쾌해지기는커녕 허우적거리는 것이 늪에 빠진 것 같았다.

조사 대상은 남녀 총 79명이다.

60대 기혼자 35명 / 30대 기혼자 9명 / 30대 미혼자 35명이다.

질문 내용은 총 6문항이다.

질문	답변	
집에서 제사를 모시나요?	긍정 70% 부정 30%	
제사가 의무적? or 기다림?	의무적 71% 기다림 0.04% 무 답 28%	기다림 그룹 : 노동에서 해방되어 형제들과 대화 가능해진 후부터라는 응답

현재 모시는 제사 방식은?	전통방식 59% 종교시설 위탁 0.14% 기타 40%	종교시설 위탁 그룹의 만족도가 높다
위 문항 방식에 대한 평가는 어떤가요?	부정 50% 긍정 35% 무 답 15%	긍정 : 종교시설 위탁, 간소화, 준비과정에 남성 참여인 경우 부정 : 준비하는 분께 죄송
사후 제사 받기를 원하나요?	부정 85% 긍정 15% 긍정에 30대는 1명	
위 문항에 긍정이라면 어떤 방식을 원하나요?	차 한잔하는 가족모임 27% 무 답 58% (이하 명 수로 적습니다) 납골당이나 산소 찾기 4명 제사상 6명 종교시설 2명	

결과를 보면 현재 제사를 모시는 사람은 70%에 달한다.

그런데 본인 사후 받을 제사에 대하여는 부정이 85%이다. 이런 아이러니가 없다. 결과지를 받고 더욱더 미로에 갇힌 것 같은 상태로 또 몇 날 밤을 지새웠다. 왜, 왜, 왜!
 뜬눈으로 새벽을 맞았던 날, 다시 설문지를 돌렸다.

'현재 처가(친정)의 제사를 모시고 있나요?'라는 내용의 질문을 돌렸고, 이에 돌아온 답은
'긍정 0%.'

머리카락이 쭈뼛하게 섰다.
 물론 조사대상이 '나의 지인'으로 아주 작은 범주에 속한다. 그럼에도 불구하고 마지막 질문의 결과를 보면, 모든 준비는 여자의 몫이나 그들의 뿌리는 철저히 도외시되고 있다.
 지금의 제사문화는 이렇듯 '부생아신 모국오신父生我身母鞠吾身'에 근본한 조선의 유교사상에서 시작되었다. 남존여비의 결정체인 것이기도 하다. 멀리 고려시대 풍습까지 회귀하지 않아도 남녀평등이 대세인 21세기의 문화에 환영받지 못하는 첫 번째 이유가 아닐까 싶다.

태풍 찬투가 일본으로 방향을 틀어 우리나라를 빠져나가

던 날 제주 한림항으로 갔다. 오랜만에 비가 걷혀 반가운 마음에 나간 저녁 산책길이었다. 그런데 바람이 잦아들던 시내와 달리 바다의 숨결은 아직도 몹시 거칠었다. 흰 이를 드러낸 파도는 끊임없이 밀려와 부서졌고 소용돌이치는 바람 소리에 귀를 막아야 했다. 흐린 날씨에 사위는 벌써 어둑했다. 처음 보는 광경이었다. 추위보다 무서움이 몸을 파고들어 귀가를 서두르는데 항구에서 고기잡이배가 출항하고 있었다. "이 파도에!" 하며 놀라 우뚝 서자 "먹고살아야지." 남편이 나직이 말했다. 이 모진 풍랑 속에 식구를 내보내는 저들 가족의 마음은 어떨까! 나도 모르게 두 손을 모았다. 순간 제사는 이렇게 시작된 것이 아닐까? 하는 생각이 들었다. 종교나 사상을 떠나 인간의 힘으로는 어쩔 수 없는 천재지변으로부터 삶의 안식을 기원하며 비롯된 의식인 것이다. 형식보다는 간절함이 우선되어야 할 것이다.

나 역시 '사후에 받을 내 제사'에 부정적이다. 증명되지 않은 내세를 믿지 않는다기보다는 교통 좋은 요즘, 제삿날이 아니어도 딸들 가족이 자주 만나 웃으며 살기 바라는 마음이다.

낀 세대

모임 회원이 다 모이기는 참 오랜만이다. 몇 년 전만 해도 전원 참석이 당연했었는데 근자에 들어서는 절반만 모여도 다행인 형편이다. 불참 이유는 단순하다. 어르신 봉양과 황혼육아이다. 다른 일정은 사전조율이 가능하나 이 두 가지의 경우는 예측불허인 데다 대체불가이기 때문이다. 그런데 오늘은 편찮으신 어르신도, 갑자기 아픈 아기도 없는 아주 귀한 날이다. 끊임없이 터지는 여인들 웃음소리에 그릇 수십 개는 부서져 나간 것 같았다. 그 와중에 A가 문득 한숨을 쉬었다.

"숙제야, 인생 숙제. 나도 내년에 환갑이라, 어르신들 삼시 세끼 챙기고 병원에 모시고 다니는 것이 이젠 힘에 부쳐. 그렇다고 며느리한테 들어와 살며 일을 나누자는 것은 꿈도 못 꿀 일이고."

단박에 여기저기에서 말도 안 된다는 반응이 나왔다. 그랬다가는 아들 내외 사달이 난다는 것이었다. 시무룩해지는 A의 표정에 일순 정적이 돌았다. 눈치 빠른 회장이 밝게 웃으며 손녀 키우는 재미에 푹 빠진 B에게 말문을 돌렸다.

"그래, 그 집 손녀는 어째 그리 예뻐? 우리 카톡방이 애기 사진으로 도배가 되어 있잖아?"

"호호호, 그래서 오늘은 내가 밥을 산다잖아. 호호호."

"근데 아기는 누가 봐줘? 애 엄마가 출근하잖아?"

환하게 웃던 B의 얼굴이 대번에 흐려졌다. 그이는 전부터 외손이고 친손이고 절대 돌보아 주지 않겠다고 했었다. 자식 위해 삼십 년 희생하고 살았으면 나머지 인생은 나를 위해 살다 가야 한다는 것이 그의 지론이었다. 그런데 그 다짐은 지켜지지 못했다.

"그러니 어떻게 해. 애기는 어린이집에서 일찍 오는데 애 엄마 퇴근은 늦지, 시간도 일정치 않지. 할 수 없이 내가 딸네 집으로 매일 출근해. 나 아주 늙었잖아."

그러고 보니 얼굴도 몸도 수척했다. 함께 운동하던 이들로 결성된 이 모임 여자들의 평균나이는 58세이다. 베이비붐 세대로 윗세대 봉양을 의무로 받들고 살다가 맞벌이하는 아랫세대에 대한 책임까지 떠안게 된 이른바 '낀 세대'이다.

나도 그렇다. 외며느리인 나에게 시부모님 봉양은 '좋다, 싫다'의 선택사항이 아니었다. 양가상견례 후 말없이 자리에 누운 친정아버지가 얼굴이 홀쭉해지도록 체중이 줄어든 까닭을 그때는 미처 몰랐었다. 어르신 모시고 30년 가까이 살다 보니 좋았던 일도 많았지만 그때 아버지의 걱정이 무엇이었는지 알 수 있었다.

시아버님이 뇌출혈로 병석에 누운 지 2년 만에 고인이 되셨고 시어머님은 팔순이 되면서 찾아온 치매로 서너 살 정신연령이 되어버렸다. 엄하고 깔끔했던 어머니가 치매에 무너지는 모습을 보는 것은 참으로 괴로운 일이었다. 치매 6년째 되던 해 영면에 드신 어머니를 납골당에 모셔놓고 나와 거울을 보니 흰머리 성성한 낯선 중년의 아주머니가 거기 있었다. 그때 나는 늙음에 대한 한숨보다 어르신 봉양의 무거운 짐을 내려놓았다는 안도감에 어깨를 늘어뜨리며 긴 숨을 내쉬었다.

그러나 곧 내 어깨는 다시 무거워졌다. 내려놓은 봉양의 의무 대신 자식들에 대한 책임감이 올라앉은 것이었다. 딸이 결혼하며 태어난 손자가 며칠 전부터는 가슴을 번쩍번쩍 들어 올리며 까르르 웃는다. 이런저런 이유로 딸네 식구가 우리 집에 머물러 있는 요즘 내 행복 지수는 최상이다. 그러나 내 건강은 최악의 상태가 되었다. 지병에 과로가 겹쳐 몇 차례나 응급실에 실려 갔다. 지금은 휴식과 식이요법, 가벼운 운동으로 건강을 되찾고 있지만 할머니와 친정엄마로서 해야 할 일까지 저버릴 수는 없다. 내 건강을 염려하는 큰딸은, 손자가 초등학교에 입학한 후에야 일을 시작하겠노라고 한다.

B의 딸은 일 년 정도의 육아휴직을 끝내고 직장으로 복귀했다. 때문에 아직 말도 제대로 못하는 아기가 어린이집과 외할머니의 보살핌을 받고 있다. 회사마다 차이는 있지만 정규 육아휴직 기간이 있다. 하지만 그걸 다 쓰는 배짱 좋은 산모들은 없다고 한다. 출산 휴가를 다 쓰면 회사에서 여러 가지 부당한 대우를 받게 되어 절반 정도의 기간만 쓴단다. 얼마 전 외신에서 '저커버그의 육아휴직' 소식을 접했다. 이처럼 미국과 유럽에서는 아기 아빠들도 당당하게 육아휴직

을 받는다고 한다. 양육에 최선을 다할 수 있는 시스템을 갖춘 나라들이 부러울 뿐이다. 주 양육자의 빈자리를 대신해 주는 이가 바로 나 같은 할머니들이기 때문이다. 시부모님 봉양은 의무로, 자식들 뒷바라지는 책임으로 떠안고 사는 인생살이 이야기가 나만의 것은 아닐 것이다.

  낀 세대. 우리들의 정신적, 육체적 건강을 지켜줄 무엇인가가 절실하게 요구된다.

그때, 열네 살이었을 적에

참 알 수 없는 일이었다.

중학교에 입학하자 담임인 정 선생님이 교무실로 나를 불렀다. 천방지축 철부지였지만 상급학교 진학으로 나름 긴장하고 있던 터였다. 멀뚱히 서 있는 나에게 담임이 머리를 긁적이며 말했다.

"공부 열심히 하자."

순간 주위에 둘러서 있던 선생님들이 와르르 웃음을 터트렸다. 후에 생물 선생님에게 들은 바로는 입학 전, 반 배치고사장에서 나를 두고 내기를 했었단다. 정 선생님은 전교 1등에, 다른 선생님들은 꼴등 쪽에 걸었다고 했다. 결과는 담임의 참담한 패배였는데 그는 굴하지 않고 6개월의 유예기간을 달라고 호기롭게 외쳤다고 했다.

아무리 생각해 보아도 담임이 했던 호언장담의 근원이 무엇이었는지 나는 지금도 모른다.

몸도 허약했고 '공부도 할 때가 따로 있다'는 부모님 교육 방침에 따라 내가 초등학교 내내 한 것은 무용과 합기도였고 온종일 사촌오빠들을 따라 동네를 뛰어다녔다. 꼴등은 아니었어도 다른 선생님들의 승리는 당연한 것이었다.

학기가 시작되자 담임은 나를 껌 딱지처럼 달고 다녔다.

그는 그해 대학을 졸업해 우리 학교에 첫 부임을 한 총각 선생이었다. 적당한 키와 푸른색 체크 남방이 잘 어울리는 호리호리한 몸매, 짧은 스포츠형 머리와 희고 갸름한 얼굴 그리고 속눈썹이 긴 눈에 검정 뿔테안경을 쓴 영어 선생님이었다. 그의 인기는 학생들에게는 물론 교무실 기류도 태풍 전야로 만들어 놓았다. 그 인기남이 나를 달고 다니는 것이다. 다행히 친구들과도 잘 지냈는데 그건 내가 노는 일에는 정말 전교 1등이었기 때문이었다.

개교기념일에 게 다리 춤을 추며 서영춘의 "시골영감 처음 타는 기차놀이에~"와 "인천 앞바다에 사이다가 떠도 곱뿌 없으면~"으로 강당을 뒤집어 놓으며 빵 박스를 타 오고, 매주 월요일 조회시간이면 구령대에서 시범체조를 해 상급반 언니들에게까지 박수를 받았다. 공부만 빼고 다 잘했다. 나는 늘 깔깔거렸고 즐거웠다.

 매일 교무실 책상에 앉아 있어도 내 성적이 그렇고 그런 지경이자 선생님들은 공부를 시키려는 정 선생님에게는 안쓰러운 눈빛을, 장난만 치려는 내게는 쯧쯧쯧 혀를 차며 꿀밤을 주었다. 어떤 날에는 종례하기 무섭게 도망을 쳤는데 어김없이 교문에서 기다리는 담임에게 걸려 끌려갔다. 벌건 내 볼은 심통으로 통통 부어올랐고 두 눈은 약이 올라 양옆으로 짝 찢어졌다. 코까지 벌름거리며 어깨로 씩씩 숨을 내쉬는 나를 보고 선생님은, 입으로는 웃으면서도 미간을 잔뜩 찌푸리다가 영어 단어장 위에 '짜장면 먹자.' 쪽지를 슬쩍 올려놓곤 했다.

 '짜장면' 하면 생각나는 여선생님이 있다. 음악 선생님도 꼴등 쪽에 걸었는데 그건 예리해서가 아니라 사심 듬뿍 담긴 감정이 틀림없었다. 친구들과 담임 자취방에 몰려가 짜장면을 먹던 어느 날 음악 선생님이 찾아왔다. 반가운 마음에 내 것을 나누어 먹고 놀다가 다 같이 나오려는데 그녀는 일어나지 않았다. 갑자기 뭐지? 하는 생각이 들었고 나도 남았다. 그날 두 선생님은 또랑또랑한 내 눈을 보며 피식피식 웃고 앉아 있었다. 별이 뜨고, 양손에 선생님들 손을 잡고 집에 왔다. 그 후로 난 자주 그들 사이에 끼어 계란 프라이가 올라간 짜장면을 먹고 별도 보았다. 지금 생각해 보면, 그때 그들 사이에 끼어 별구경을 하지 말았어야 했지 싶다. 하지만 다시 돌아간다고 해도 열네 살짜리 나는 짜장면 앞에서 활짝 웃고 있을 것만 같다.

  그러던 어느 날 아침이었다. 복도 입구에서 실내화를 신으려다 엎드린 그대로 멈춰버렸다. 웅성거리던 언니들의 눈초리가 온통 내게 쏟아진다는 것을 온몸으로 느낀 때문이었다. 교실에 들어와 창문을 빼곡히 채운 눈동자들을 보며 무언가 일이 터졌음을 직감했다. 담임이 들어와 교탁에 섰다. 그리고 전근, 임시담임, 마지막. 당최 알 수 없는 말들이 교실 벽에 쾅쾅 부딪히며 날아다녔다. 사방에서 울음소리가 났고 복도 창문에 다닥다닥 붙은 눈동자들이 나와 선생님 사이에서 그네를 탔다. 난 손끝 발끝 머리카락까지 얼음처럼 굳어져서 책상만 내려다보았다. 그날 종례 후 나는 교무실에 가지 않았고 담임도 나를 부르지 않았다. 그렇게 선생님은 말없이 전근을 갔고 난 동사凍死 상태로 눈물 한 방울 없이 그를 보냈다.

그 후 일여 년간 학교에 대한 기억은 전혀 없다. 얼굴보다 웃음소리가 먼저 나타났다던 내가 그때 웃고 다녔는지 누구와 놀고 지냈는지. 다만 음악 선생님이 어떤 육군 장교와 결혼해 학교를 그만두었고, 엄마가 공부할 때라며 착하고 예쁜 가정교사 언니를 집으로 데려왔으며 나는 커피를 한 주전자씩 마시며 밤샘 공부를 했다.

중학 3년, 수직 상승한 성적표를 받았을 때 생물 선생님이 내 등을 두드리며

"진작 좀 이렇게 하지. 정 선생님이 좋아하겠네."

했을 때 고개만 숙였다. 담임을 생각하면 '왜?'라는 의문과 함께 가슴이 아프게 욱신거릴 뿐이었다. 잊어야 했다.

졸업하고 십 년쯤 후에 중학교를 찾아갔다. 생물 선생님이 덥석 안아주며 반가워했다. 그런데 이런저런 담소 끝에 나온 정 선생님의 이야기는 충격적이었다. 지방 대학에서 강의하던 그가 상처 후 아이를 데리고 외국 어딘가로 이민 갔다는 소식이었다. 순간 앞이 캄캄해졌다. 언제든 찾아가면 만날 수 있으리라 믿었던 것은 나만의 착각이었다. 내 어

리광이 길어지는 동안 담임은 내가 찾지도 못할 곳으로 아주 떠나버린 것이었다. 내 눈물에 당황하는 선생님을 멍하니 바라보다가 나는 깊이 묻어두었던 속의 말을 꺼냈다.

"그때 왜 저한테 전근에 대한 말씀을 한 마디도 안 하셨을까요?"

선생님은 "그랬었구나!" 하더니 내 손을 꼭 잡았다.

"미안해서 그러지 않았을까? 네가 크면 이해할 수 있겠지, 그런 생각을 하지 않았을까?"

등을 토닥여 주는 선생님과 헤어져 교무실을 나왔다. 삐이익 소리가 나는, 담임에게 잡혀 들어갔던 교문에서 눈물을 펑펑 쏟으며 소리쳤다.

"아닌데, 그때도 난 이해할 수 있었다고요!"

열네 살이었던 그때 엉엉 울었더라면 이렇게 허무하게 선생님을 놓치진 않았을 텐데 하는 안타까움만 가슴에 멍으로 남았다. 그 멍은, 바람이 스치면 지금도 아프다.

3부 길에서 행복 줍기

황차, 노을을 품다
새콤달콤 쌉싸름한 커피 이야기
나는 민간외교관
은빛 여왕의 아우라, 따라비 오름
울퉁불퉁 봉정암 등반기
마라도와 할망당 전설
겨울에 만난 초록나무 이야기
서백당에 노을이 지다
오리 궁둥이
타이완 웨딩케이크

황차, 노을을 품다

    스님의 여민 승복 배래 앞으로 한 줄기 저녁노을이 내렸다.
"황차黃茶입니다."
옥색 잔에 담기는 찻물은 발갛게 물들어 가는 황금빛이었다. 차茶에는 도道가 들었다고 하는데 내가 만난 차는 황홀이었다.
제주 바다 앞 사찰에서 만난 이 황차는 나를 차의 세계로 이끌었다.

전설에 의하면 5,000여 년 전쯤, 중국 농업의 신 신농이 수백 가지 풀을 먹다 독에 중독되어 정신을 잃고 어느 나무 밑에 쓰러져 있었다. 그때 바람을 타고 푸른 잎사귀 하나가 그의 입으로 떨어졌는데 이 잎을 먹자 정신이 맑아지며 해독되었다고 한다. 차가 약용으로 시작되었음을 알 수 있게 해주는 대목이다. 2세기경에 쓰인 『삼국지』에도 차가 등장한다. 유비가 노모를 위해 돗자리 판 돈, 거금을 쥐고 차를 사러 갔다는 일화에서 차가 고가였다는 것을 알 수 있다. 7세기 당나라 시대에 와서야 기호식품으로 자리 잡게 되었다고 하니 유비가 샀던 것도 약제로서의 차였으리라.

대표적인 차의 종류로는 녹차, 백차, 우롱차, 보이차, 홍차 그리고 황차가 있다.

녹차는 3녹이 특징으로, 우리기 전의 찻잎과 탕의 색 그리고 우리고 난 잎의 색이 모두 녹색이라 명명된 이름이다. 백차는 이름 그대로 찻잎에서 은색의 광택이 나며, 난향이 나는 우롱차는 마신 뒤 감미롭고 청량한 맛이 특징이다. 보이차는 오래 묵을수록 맛과 향이 좋아 고가에 팔린다. 주요 생산지는 푸얼인데, 임헌영 교수의 강론에 의하면, 그곳을 공략했던 제갈량이 빈곤한 소수민족의 생활수준 향상을 위해 보이차 재배 기술을 전수했다고 한다.

아편전쟁의 원인이 되었던 홍차는 전쟁과 눈물 속에서 탄생했다.

전설에 따르면 청나라 시절, 퇴각하던 군대가 차 공장에서 야영했다. 찻잎은 병사들의 푹신한 침대가 되었고 뒤척이는 무거운 몸에 짓이겨졌다. 그들이 떠나고 농부들은 눈물만 흘렸다. 땀에 젖은 병사들의 몸에 의해 축축해지고 으깨진 찻잎이었다. 그러나 목숨 같은 잎을 버릴 수 없었다. 눈물을 거둔 농부들은 소나무를 때워 찻잎을 빠르게 건조시킨 후 차로 가공했다. 그런데 이 차가 독특한 향미를 내며 19세기 유럽 시장에서 폭발적인 인기를 얻었다.

'홍차의 전화위복'인 것이다.

그리고 황차가 있다.

제주 안사돈이 봉사하고 있는 사찰의 주지스님이 딸의 신혼집에 놓을 풍경화를 주었기에 인사차 방문했던 길이었다. 저녁 공양을 마치고 바다가 보이는 차실에 올랐다. 스님은 다관의 더운물에 찻잎을 띄우며 황차라 했다. 당시 나는 차에 문외한이었지만 황차가 귀하다는 것은 알고 있었다.

이 척번滌煩*은 송 황제에게 공물로 바쳐졌을 정도로 맛과 향이 뛰어나다. 하지만 그 맛과 향을 얻기 위한 제조 과정이 매우 까다롭다. 녹차와 홍차 제조 공정에 민황이라는 단계를 더한 후 1년 동안의 숙성기간을 거쳐야 비로소 시음할 수 있다. 이런 복잡한 과정 때문에 지금은 구하기 어려운 차 종이 되었다. 그럼에도 차 마니아들 사이에서는 시음하고픈 차 중 1순위에 속한다고 한다. 그 맛이 궁금했다.

가벼운 예를 올리고 다완에 담긴 탕 색을 보았다. 청명한 바다에 드리워지는 노을이었다. 그 불그스름한 황금빛은, 금생을 마치고 바다로 스며드는 해의 품 같았다.

'어찌해야 이 황홀한 품에 안길 수 있을런가.'

절로 드는 생각이었다.

순하게 숨을 들이쉬고 따끈한 차에 입을 댔다. 흠칫했다. 차 맛에 커피, 예가체프의 새콤함이 담겨 있었다. 입 안 가득 차를 머금고 혀를 굴려보았다. 혀끝에서 느껴지던 신맛은 목젖 가까이에 가자 떫은맛으로 화했다. 신맛과 떫은맛 모두 청량한 저녁 하늘처럼 가볍고 산뜻했다. 송나라 황후가 누렸을 호사가 이것이라면 부러울 게 없다는 생각으로 홀로 미소 지었다.

아직 온기가 남은 차를 한 모금 입에 물었다. 신맛이 은은해지고 떫은맛이 강해졌다. 마치 덜 익어 즙이 거의 없는 푸

3부 길에서 행복 줍기 151

르스름한 복숭아 맛이랄까. 가만히 입 안에 머금고 있자니 이번에는 구수한 맛이 맴돌았다. 다양한 맛이 조화를 이루며 차는 상상도 못 할 즐거움을 주고 있었다.

차가 식기를 기다려 맛을 음미했다. 놀랍게도 다시 신맛이었다. 순차적으로 떫은맛이 혀를 적시더니 차는 데친 청경채 같은 단맛을 내며 마무리하고 있었다.

황차의 마술은 화려했다.

"어떤가요?"

스님의 질문에 등에서 땀이 솟았다. 깨달음을 묻는 것이라면 유구무언이었다.

일주문을 나선 후 차 삼매경에 빠졌다. 하지만 한 발 한 발 들여놓을수록, 차종이 헤아릴 수 없이 많다는 것과 찻잎 다루는 솜씨의 미세한 차이에도 탕 색과 맛이 현격하게 달라진다는 것을 알게 될 뿐이었다. 심신 수련의 경지는 바랄 수조차 없다.

이런 까닭으로 마음이 조급해질 때면 나는 황차를 우린다. 그리고 순한 숨과 함께 노을빛 황차 속으로 스르르 잠긴다.

*척번滌煩- 세상의 어지럽고 번거로움을 씻어 없애버리는 물건이라는 뜻으로, 차를 달리 이르는 말.

새콤달콤 쌉싸름한 커피 이야기

    2020년부터 일 년 중 반은 서울에서, 반은 제주도에서 살고 있다. 서울에는 본가와 돌봐주어야 할 손자들이 있고, 제주에는 파견 근무 중인 남편이 있어 500km 거리의 육지와 섬을 쉴 새 없이 날아다니고 있다. 그러다 보니 내 건강을 염려하여 딸들은 영양제와 피로회복제를, 남편은 삼을 종류별로 챙겨준다. 하지만 정작 나의 피로를 풀어주는 것은 따로 있다. 커피다. 시간을 쪼개며 뛰어다니다 도착한 공항 웨이팅 존에서 마시는 커피는 엔도르핀이 되고 장바구니를 놓고 산책로 벤치에서 마시는 커피는 행복이 된다. 내겐 하루 한 잔이 정량으로 주로 오전에 즐기는데 오후의 커피는 때때로 불면의 밤을 주기 때문이다. 내게는 부담스러운 각성 효과지만 그것이 바로 커피 탄생의 요인이라 한다.

 전설에 의하면 커피는 6~7세기쯤 에티오피아의 목동에게서 유래되었다고 한다. 붉은 열매를 먹은 염소들이 흥분해 뛰는 것을 보고 목동도 먹었더니 정신이 맑아지고 기분이 상쾌해졌다. 신기하게 여긴 목동이 수도원에 알렸지만 수도사들은 이것을 악마의 열매로 여겨 불에 던졌다. 그런데 타는 냄새가 향기로워 부랴부랴 수거해 음료로 만들어 마셨는데 잠을 쫓는 효과까지 있었다. 그 후 그들은 기도할 때 졸지 않기 위해 마시기 시작했다. 이것이 커피의 탄생이라고 한다.

 생각해 보니 나도 중학교 때 벼락치기 공부를 위해 밤새 한 주전자씩 마시곤 했었다. 각성효과는 톡톡히 보았지만 커피에 체해 결국 응급실에 갔었다. 통행금지로 적막했던 한밤중, 늘어진 나를 업고 뛰던 아버지의 뜨겁고 축축했던 등이 돌아올 때는 내 뺨이 시원해질 만큼 서늘해져 있었다. 적당히 해야지. 아버지의 목소리가 단단한 등에서 나직하게

3부 길에서 행복 줍기 155

울렸다. 공부를 적당히 하라는 것인지 커피를 적당히 먹으라는 것인지를 생각하다 스르르 잠이 들었던 기억이다.

현재, 세계인의 일 년 커피 섭취량은 일인 당 400잔 가량이나 된다고 한다. 가히 음료의 제왕이라 해도 과언이 아닐 것 같다. 시애틀에 갔을 때였다. 스타벅스 1호점이 있다고 하여 방문했다가 가게 문 앞에서부터 끝없이 늘어선 각국의 사람들을 보고 깜짝 놀랐다. 커피 인구를 실감하던 순간이었다.

이렇게 세계인의 사랑을 한 몸에 받고 있는 커피는 인기만큼 많은 재미있는 사연을 가지고 있다. 17세기, 이슬람 문화권의 음료가 유럽에서 인기를 얻게 되자 성직자들이 사탄의 음료라며 클레멘트 8세 교황에게 금지해 달라고 요청했다. 그런데 그 맛에 반한 교황이

"감칠맛 나는 이것을 이교도들만 마시게 하는 것은 신에 대한 모독이다."

하며 기독교의 음료로 만들고자 커피에게 세례를 주었다는 일화는 유명하다.

하지만 커피가 전 세계를 지배하기까지 각국의 행보는 결코 평탄치 않았다. 청교도 혁명 이후 영국을 비롯해 유럽인

들이 술 대신 커피를 마시게 되어 커피 수요가 폭발적으로 증가하였고 그 가격이 천정부지로 치솟았다. 18세기 초 커피는 프랑스와 네덜란드, 예멘에서 독점 생산하고 있었는데 브라질에서도 재배하고자 고심하던 중 마침내 미남계 작전이 세워졌다. 프랑스 식민지인 가이아나에 파견 나왔던 브라질 장교가 씨앗 밀반출을 목적으로 프랑스 장교 부인을 유혹했다. 계획적으로 접근한 것을 모르고 사랑에 빠진 프랑스 여인은 본국으로 돌아가는 연인에게 작별의 선물을 준비했다. 그가 오매불망 탐하던 커피 열매를 꽃다발 속에 숨겨 건넸던 것이었다. 이로써 브라질은 세계 최고의 커피 생산국이 되었다. 문익점과 낙랑공주는 동양에만 있는 것이 아니었다.

세계인의 미각을 사로잡은 커피의 맛은 놀라우리만큼 다양하다. 베트남이 최대 생산지로 대중적 맛인 로부스타 종과 에티오피아가 원산지인 고급 품종 아라비카로 크게 나뉘는데 같은 종에서도 로스팅이나 추출방법에 따라 섬세하게 다른 맛을 낸다. 그중 내가 좋아하는 맛은 아라비카종의 예가체프이다. 에티오피아 서늘한 고원지대에서 재배한 원두를 가볍게 볶아낸 것으로 갓 추출한 커피를 머금는 순간 입안에는 과일향이 툭 터진다. 덜 익어 아직 푸른빛을 띤 금귤 껍질을 깨물었을 때의 맛이라고나 할까. 그 새콤함을 찾아 다리품 파는 것을 마다하지 않았는데 무슨 복인지 아파트 옆 산책로 입구에 이 상큼한 맛을 기막히게 내는 카페가 생겼다. 클래식 음악이 흐르는 카페에서 사랑스러운 예가체프 향을 맡고 있노라면 원두 60알을 고집했던 베토벤의 커피가 궁금해지곤 한다. 베토벤뿐만이 아니다. 바흐는 「커피 칸타타」로 일찌감치 커피 송의 원조가 되었고 고흐 역시 커피 애호가로 알려져 있다. 그들의 커피는 어떤 맛이었을까? 부드럽고 새콤달콤한 과일 향이었을까, 묵직한 바디감의 쌉싸름한 초콜릿 향이었을까? 무엇이었든 예술 창작의 원천이 되었던 것은 틀림없는 것 같다.

카페 예쁜 테이블, 취향에 맞는 음료를 놓고 담소하는 이들은 언제나 행복해 보인다. 커피는 혼자 마시는 향에서는 사색과 창작을, 함께하는 자리에서는 소통을 준다. 이것이 세기를 넘고 국경을 넘으며 인류에게 사랑받는 이 음료의 매력이 아닐까 한다.

무엇보다 나에게 커피의 매력은 '멈춤'이다. 고단한 길 위 멈춰 서서 따끈한 커피를 마실 때면 심신이 편안해진다. 한 모금씩 천천히 음미하며 나는 오늘에 감사하고 내일을 설계하곤 한다.

나는 민간외교관

2014년, 부다페스트에 파견 근무 중인 남편에게 가는 길이었다. 혼자 하는 비행이 처음이라 불안했다. 옆 좌석 승객이 한국인이기를 바라며 살펴보니 외국인, 그것도 하필이면 일본 아주머니들이었다. 환승이 두려워 부다페스트행을 포기하고 직항인 빈 공항을 택했던 것이 후회되었다. 오십 중반인 나는 일본에 대해 좋지 않은 선입견이 있다. 부모님들이 일제 강점기를 겪었고 아직도 독도, 위안부, 신사참배 등 해결 안 된 커다란 역사적 현안이 양국 간에 얽혀 있기 때문이다. 창가 자리라서 화장실 갈 일도 걱정인 데다 일본인들과 열 시간이나 함께 비행해야 한다는 생각에 머리가 지끈거렸다. 그런데 이 아주머니들과 즐거운 여행을 하게 될 줄이야!

안전벨트 해제 전광판을 보고 수첩을 꺼냈는데 끼워두었던 볼펜이 없었다. 두리번거리고 찾아보니 그녀들 발밑에 떨어져 있었다. "Excuse me." 하며 발밑을 가리키니 도끼오(그들의 이름이 도끼오와 야수오이다)가 볼펜을 집어주며 영어를 할 줄 아느냐고 물었다. 이때부터였다. 우리의 열 시간짜리 수다가 시작된 것이었다.

여자들의 수다는 과연 국경을 초월했다. 서툰 영어로 소통이 안 되면 세계 공용어인 바디 랭귀지로 무사통과였다. 고운 피부에 긴 속눈썹까지 짙어 젊어 보이는 도끼오가 예순넷이라고 해 깜짝 놀랐다. 예순둘의 야수오도 통통한 얼굴에 웃을 때마다 보조개가 들어가 제 나이로 보이지 않았다. "두 분 다 미인입니다." 내 말에 진심이 묻어났는지 둘은 얼굴을 붉히며 좋아했다. 도끼오는 손주가 넷, 야수오에게는 둘이 있다고 했다. 한국에서 심각하게 대두되고 있는 육아 문제가 그들 나라에서는 어떤가 싶어서 손주를 돌보아 주느냐고 물었다. 아들 내외가 가까이에 살고 있다는 도끼오는 두 명의 손주를 돌보고 있으며 야수오도 마찬가지란다. 일본이나 한국이나 자식은 평생 내려놓지 못하는 업인가 보다.

"두 분이 무슨 사이에요?" 하자 문화센터 영어반 친구라며 이 년에 한 번씩 현장실습으로 선생님과 외국을 간다고 했다. 지난번에는 영국을, 이번에는 빈과 잘츠부르크를 방문한단다.

"즐겁게 사는 것이 젊어 보이는 비결인가 봐요."

하자 그녀들이 크게 고갯짓을 하며 깔깔 웃었다. 야수오가 나에게 왜 혼자 빈에 가느냐고 물었다.

"남편이 헝가리에서 근무 중이고 지금 비엔나 공항에서 기다리고 있어요. 올해가 결혼 삼십 주년이라 유럽여행을 계획했어요."

귀를 쫑긋하고 듣던 그녀들이 손뼉을 치며 "Lovebirds!" 소리치다가 황급히 손으로 입을 막았다. 승객들의 눈치를 보던 우리는 또 소리 죽여 까르르 웃었다.

기내식으로 비빔밥을 택했다. 야수오가 고추장이 담긴 튜브를 보더니 좋아하며 가방에 넣었다. 그러고는 두 여자가 나를 바라보았다. 비빔밥 먹는 것에 서툰 모양이었다. 얼른 나물 담긴 그릇에 밥과 고추장, 참기름을 넣고 비비자 참기름을 가리키며 무엇이냐고 물었다. "Sesame oil" 했더니 냄새가 고소하다며 저들도 넣고 비볐다. 맛을 본 야수오가 내 비빔밥을 들여다보며 고개를 갸웃했다. 그러고는 가방에 넣었던 고추장을 꺼내 밥에 섞어 한입 가득 넣더니 활짝 웃었다. 고추장 빠진 비빔밥이라니! 나도 웃었지만, 다음 여행 때는 고추장을 넉넉히 챙겨서 외국인들에게 주어야겠다고 생각했다. 깨끗이 그릇을 비운 그녀들이 다이어트 요리라며 일본에 돌아가 사 먹어야겠다고 하기에, 만들기 너무 쉬운 음식이라며 몇 가지 재료와 간단한 요리법을 말해주었다. 그들이 진지하게 고개를 끄덕이며 "I can do it!" 했다. 이렇게 우리 음식이 세계로 나가는구나, 라는 생각에 뿌듯해졌다.

도끼오가 몇 년 전 서울에 방문한 적이 있다고 했다. 연못이 아름다운 궁을 방문했었고 시청 광장 옆의 호텔에 투숙했었다는 것을 보니 경복궁과 프라자호텔을 말하는 것 같아 반가웠다. 야수오는 제주도에 꼭 한번 오고 싶다고 했다. 내가 알고 있는 지식을 총동원하여 제주도를 소개했다. '세계문화유산'에 등재된 한라산과 성산 일출봉, 용암동굴도 멋있고 삼백육십 개에 달하는 제주의 오름은 사계절 모두 아름답다고 했다. 마침 휴대폰에 저장해 두었던 큰 다랑쉬 오름 사진을 보여주자 그녀들의 눈이 반짝였다. 우리 부부의 버킷리스트 중 하나가 '제주살이'라고 했더니 부럽다며 엄지손가락을 올렸다. 나도 일본에 방문하여 온천과 아름다운 도시들을 구경하고 싶다고 하자 그들은 반색하며 자기들이 사는 규슈로 오라고 했다. 규슈의 온천이 유명하다는 것은 알고 있는 터여서 "I hope!"를 연발했다. 한국 아이들의 영어교육도 궁금해하기에 영어유치원과 영어만 사용해야 하는 초등학교가 몇 군데 있다고 소개해 주자 무척 부러워했다.

 혼자 하는 여행이라 내심 걱정했던 일은 일어나지 않았다. 내가 한 시간에 한 번쯤 스트레칭하는 것을 눈치채고 그들이 먼저 채근해 내보내 주었고 나의 빈자리에 간식을 받아 놓아주었다. 잘 마시지 않는 음료수도 도끼오가 어찌나 "공짜!"를 강조하며 받아주는지 웃음을 꾹 참고 다 비웠다. 나도 기계 조작에 서툰 그들을 위해 비행기 안에 비치된 편의시설을 대신 조작해 주었다. 비행기가 하강을 시작했을 때 우리는 손을 마주 잡고 아쉬워했다. 선물을 주고 싶은 마음에 폴라로이드 카메라를 꺼내 초점을 맞추자 한껏 예쁜 모습을 취했다. 사진 두 장 아랫면에 '도끼오 야수오'라 적어 건네주었다. 둘은 어린애처럼 기뻐하며 사진을 가슴에 품었다. 그들도 내 모습을 디카에 담고 '이영옥'을 노트에 정성껏 적었다. "남은 생을 행복하게 살자."는 덕담을 나누고 아쉬운 작별을 했다.

　비엔나 공항에서 기다리던 남편이 수고했다며 꼭 안아주었다. 비행기에 혼자 태운 것이 걱정되었는지 가슴이 아직도 두근두근 뛰고 있었다. 부다페스트로 이동하는 내내 일본 아주머니들과 함께 했던 이야기로 깔깔거리자 그가 "나만 걱정했구먼!" 안도하며 껄껄 웃었다.

　이번 비행에서 나는 오해와 편견이 얼마나 부질없는 일인가를 절실하게 깨달았다. 물론 과거는 바로잡아야 할 과제이다. 하지만 선입견을 지우고 부딪쳐 교류해 보니 실제로는 살가운 우리 이웃인 것이다. 오늘 타고 온 비행기에서도 각국의 사람들이 모여 인사하고 웃으며 함께 식사했다. 그들이 만난 나는 대한민국이 배경으로 그려진 나일 것이다. 이젠 누구라도 민간외교관이 되어 자국의 이미지를 심어주어야 할 때가 온 것이다. 앞으로 석 달간의 이 여행에서 나는 많은 나라의 사람들을 만날 것이다. 그들이 어떤 모습으로 어떤 감동을 주며 내게로 올지, 나는 또 어떤 모습으로 그들에게 다가갈지 사뭇 기대된다.

은빛 여왕의 아우라, 따라비 오름

'오름'은 '자그마한 산'이라는 뜻의 제주 방언으로 한라산 자락에 산재하는 기생화산을 말한다. 제주에는 360여 개에 달하는 오름이 있다. 이는 단일 섬 보유수로는 세계 최고이며 저마다 독특한 모양과 무궁무진한 사연을 가지고 있다. 여러 용암동굴을 품고 있는 거문 오름은 세계자연유산에 등재되었으며, 울창한 천연림에 둘러싸인 어승생악御乘生岳과 4.3 사건의 아픔이 서려 있는 다랑쉬 오름 등을 비롯해 수많은 크고 작은 산이 이 오름의 왕국에서 숨 쉬고 있다.

그중 따라비 오름은 제주 오름의 여왕이라 불린다. 왜일까? 궁금해졌다.

억새가 고갯짓하는 11월, 남편을 재촉해 제주도 동쪽, 풍차가 도는 표선으로 향했다. 공항 근처 숙소에서 출발한 우리는 드라이브 코스로 최적인 비자림로를 탔다. 삼나무 울창한 사려니 숲길을 지나 유채꽃 프라자가 있는 녹산로를 달려 도착한 가시리 사거리, 그곳 좌측에 따라비 오름이 있었다. 교차로 모퉁이에 있는 카페를 끼고 돌아 산길을 올랐다.

모퉁이 카페……. 관심조차 없던 그 카페가 잠시 후 내게 구명 동아줄이 될 줄이야!

가시리 사거리부터 오름까지의 길은, 마주 오는 차가 있을까 봐 걱정할 정도로 좁은 외길이었다. 이런 곳에 여왕이? 하는 의구심마저 들었다. 그런데 도착한 주차장은 이미 만 차였고 산 아래 억새밭에는 방문객들로 북적이고 있었다. 다시금 차오르는 기대로 흥분하며 운동화 끈을 조였다. 남편이 수첩을 펴더니

"산은 표고 342m, 비고(오름 바닥부터의 높이) 107m, 둘레는 2,633m라고 하네."

했다. 내게는 산책하기 딱 좋은 높이며 둘레길이라 어깨춤이 절로 나왔다. 가벼운 발걸음으로 도착한 입구의 표지

판에 '따라비 오름'에 대한 안내가 적혀 있었다.

"가을이 되면 억새와 더불어 제주 오름 368개 중 가장 아름다운 '오름의 여왕'으로 불리며, 3개의 굼부리와 6개의 봉우리를 가지고 있다. 명칭의 유래는 한 가족의 가장처럼, 산 주변에 있는 새끼 오름과 모지母地 오름, 장자 오름을 거느리고 있어 그리 불린다."

찬찬히 읽고 옆을 돌아보니 정상과 둘레길 방향을 가리키는 2개의 이정표가 보였다. 우리는 정상으로 올라가 둘레길로 하산하는 행로를 잡았다.

호기롭게 접어든 정상 길이었다. 그런데 계단이, 그것도 가파른 계단이 나타났다. 멈칫했다. 무릎 걱정이 많아진 요즘이라 잔뜩 긴장이 되었다. 그런데 얼마 안 가 함박웃음과 함께 몸이 스르르 풀렸다. 산 가득, 들꽃이 화려한 축제를 펼치고 있는 것이었다.

자줏빛 한라 꽃향유가 고개를 갸웃하고, 어린 신부 머리에 얹힌 코사지 같은 천궁이 하얗게 반짝였다. 홍자색 산비장이가 햇살에 꽃잎을 부비는 곳에 서양민들레도, 유럽에서 귀화해 잘 살고 있는 듯 노랑 꽃을 흔들며 활짝 웃고 있었다.

참으로 천연스러웠다. 향기로운 낙원에 이웃하는 꽃과 잎들은 아무도 뽐내거나 시기하는 이 없이 아름다운 조화를 이루고 있었다. 이렇게 평화로운 곳에 다음 생을 기대해 본다면 욕심일까?

들꽃에 취한 중 문득 하늘이 열렸다. 가슴까지 시원하게 툭 터진 시야에 억새가 가득했다. 걸음을 재촉해 가까이 보이는 서쪽 봉우리로 뛰어올랐다.

산봉에서 내려다보이는 3개의 굼부리마다 은빛이 현란했다. 바다의 윤슬이 오름에서 부서지고 있었다. 스르륵 바람 따라 흐르는 억새의 우아한 고갯짓은 과연 여왕의 자태이며 그 아우라에 눈이 부셨다.

"제주에는 바다의 파도와 따라비 오름의 억새 파도가 있다."고 전해지는 말에 절로 고개가 끄덕여지는 은빛 물결이었다.

찬란한 가을햇살 아래, 여왕을 알현한 이 기쁨을 어찌 말로 다 표현할 수 있으리오.

뛰는 가슴을 달래며 서쪽 봉우리에 놓인, 오름 밖을 향한 등받이 나무의자에 앉았다. 텀블러에 담아 온 따뜻한 커피를 마시며 사방을 둘러보았다. 왼쪽 먼 곳에 구름을 두른 한라산 자태가 신비하고, 앞쪽으로는 사슴을 닮은 '큰사슴이 오름'이 고즈넉하다. 산 아래에는 초록 밭이 오름을 감싸고

드넓게 펼쳐져 있으며, 밭과 밭의 경계목으로 소나무가 일필휘지 획을 그으며 서 있다. 이것이 한 폭의 수묵화라면 화제는 '별유천지 비인간'이리라.

자리를 정리하고 일어나 동쪽 봉우리로 가는 길에 접어들었을 때였다. 아! 작은 외마디가 터져 나왔다. 외할머니의 꽃버선이 거기 있었다.

어린 시절, 명절이면 외할머니가 하얀 옥양목으로 꽃버선을 지어주었다. 발목까지 올라오는 갸름한 버선의 백미는 버선코에 있었다. 손바느질 고운 솔기가 발등 따라 부드럽게 흐르다가 발끝에서 날렵하게 올라가는 버선코에는 초록 잎과 빨간 꽃잎이 수놓아져 있었다. 외할머니는 명절 전날 저녁에 내어주곤 했는데 나는 머리맡에 놓인 그것을 더듬느라 잠을 설쳤다.

동쪽 봉우리로 가는 산등성이는 꽃버선의 솔기처럼 부드러운 곡선을 이루며 내려가다가 반대편 봉우리에서 맵시 있게 톡! 올라가고 있었다. 그곳에는 철없는 진분홍 철쭉과 은색의 억새가 햇빛에 반짝이며 수놓아져 있었다. 꿈속 같은 그 길을 나는 둥둥 떠갔다.

빨간 깃이 펄럭이는 동쪽 정상 봉우리에서, 몇 번 올라 반가운 거문 오름과 백약이 오름 그리고 올라야 할 수많은 산들을 둘러보았다. 따라비 오름의 서쪽과 동쪽, 두 산봉 사이에 있는 3개의 분화구 둘레길도 그림처럼 아름다웠다. 그 길에는 따라비 오름이 최근에 분출된 것임을 알려준다는, 아직 풍화되지 않은 기이한 모습의 크고 작은 화산석들이 즐비했다.

안타깝게도 우리는 하산 길을 재촉해야 했다.
산 둘레길로 천천히 내려오고자 했던 계획은 급한 생리 현상 때문에 무산되고 말았다. 따라비 오름에는 어디에도 화장실이 없었다. 인터넷으로 찾은 화장실은 너무 멀었다. 사색이 된 채 가시리 사거리까지 왔을 때였다. 모퉁이에 바로 그 카페가 있었다. 하늘에서 내려준 동아줄 같았다. 여행지에서 일어나는 모든 일은 추억으로 남는 것이지만 이런 경우는 아찔하다. 나 같은 이가 많았는지 얼른 화장실 비밀번호부터 가르쳐준 바리스타에게 고마울 뿐이었다. 가뿐해진 몸과 마음을 달콤한 감귤 차로 적시며 폰 사진을 꺼내 보았다. 아쉽다.
"카메라 렌즈는 사람 눈을 못 따라간다."
는 말을 절감해야 했다.

카페를 나와 돌아오는 길에 억새 가득한 오름을 올려다보았다. 아무래도 가을이 가기 전에 다시 한번 이 은빛 여왕을 만나러 와야겠다. 바람결에 우아하고 햇살에 눈부시던 따라비 오름의 아우라를 눈에 가득 담아야겠다.

울퉁불퉁 봉정암 등반기

    2008년 8월, 백담사에서 봉정암을 향해 설악의 속살로 힘차게 발을 내딛었다. 적멸보궁에 오르는 길이다. 적멸보궁이란 부처님의 진신사리를 봉안해 놓은 사찰이다. 봉정암, 월정사, 정암사와 법흥사, 통도사가 이에 속하며 불교 신자인 내게는 염원의 순례지이다. 그중 봉정암은 강원도 설악산 소청봉이라는 험산에 위치해 있다. 때문에 동경만 할 뿐 오르지 못하고 있었는데 이번에 대학 동아리 법우들과 함께 오르게 된 것이다. 설렘만큼 걱정도 큰 행보였다.

나는 속도와 시간에 전혀 제약받지 않는 '무한조'에 배정받았다. 허약한 체력을 배려해 준 선배들에게 "감사합니다." 했지만 그때는 전혀 몰랐다. 첫발을 떼는 순간부터 후퇴 없는 '죽어도 전진' 대열에 끼게 된다는 것을. 그리고 단 몇 시간 후에는 하늘 같은 선배가 '원수'로 보이게 될 것이라는 것을!

영시암을 지난 구곡담 계곡에서 앞서던 한 가족이 풍덩 소리를 내며 시원한 물속으로 들어갔다. 순간 누구라 할 것도 없이 우아아 소리치며 앞다퉈 계곡으로 들어가는 이들은 머리 희끗한 중년도 근엄한 회사 오너도 아닌, 철없던 시절의 청춘들이었다. 자녀가 동반된 우리 조는 중간중간 물놀이도 하고 오이를 아작아작 씹기도 하며 즐거운 등반을 했다. 후에 1조 동문들이 우리의 행보를 무척 부러워했다. 선발조인 그들은 암자에 일찍 도착해 50여 명의 휴식처를 배정받아야 했기에 물놀이는커녕 바람처럼 날아 4시간 만에 도착했었단다.

쌍용폭포를 지나자 체력은 바닥이 났는데 남자 선배들이 한 시간 전부터 "다 왔어."라는 거짓말만 되뇌고 있었다. "아휴, 보기 싫으니 먼저들 가세요." 하는데 그 보기 싫은 이들 뒤로 가파른 계단이 나타났다. 일명 깔딱고개라고 했다. 되돌아 내려가고 싶다는 생각이 간절하게 들었을 때 문득 깨달았다. 인생길처럼 '죽어도 전진'을 해야만 여기를 벗어날 수 있다는 것을 말이다. 두 팔로 무거운 다리를 끌어올리며 중간쯤 올랐을까? '조금만 더 가면!'이라는 희망이 실낱처럼 피어오르는데 우렁우렁하는 소리가 들렸다.

"사자암을 보고 가야지!"

최고참 선배의 목소리였다. 누구도 거역할 수 없는 일이었다. 젖은 솜 같은 다리를 오른쪽 바위로 옮기며 짝꿍과 키득거리며 속살거렸다.

"웬슈가 따로 없어요."

그런데 바위 위로 올라선 순간 숨을 멈추었다. 사자암에서 바라본 좌측의 서북능선과 우측의 용아장성의 자태가 현란했다. 경관을 눈에 가득 담으며 "감사합니다!"를 외치니 짝꿍이 옆구리를 쿡 누르며 말했다. "사람은 참 간사해요." 또 키득거렸다. 고단함이 웃음소리를 타고 용의 송곳니 사이로 훨훨 날아갔다.

8시간 만에 봉정암에 도착해 짐을 풀고 서둘러 법당에 올라 삼배를 올렸다. 고된 몸이었음에도 서늘한 바닥에 오체가 닿는 순간 단전에서부터 뜨거운 기운이 올라왔다. 힘든 길을 이겨냈다는 스스로에 대한 대견함인지 진신사리 친견 소원성취의 기쁨인지는 모르겠으나 부처님의 품 안에 안겨 있다는 안온감만은 분명히 느낄 수 있었다.

비 맞는 해발 1,244m 봉정암은 한여름인데도 으슬으슬 한기를 느끼게 했다. 그 추위를 단번에 감싸준 미역국은 일품이었다. 공양간에서 배식 받은, 오이무침이 올라간 국을 훌훌 마시다가 입천장을 데인 이는 나뿐만이 아니었다. 하지만 화들짝 놀랐음에도 국그릇에서 입을 뗄 수가 없이 맛있었다. 모두가 산을 오를 때 등짐 가득 공양미와 오이다발과 미역을 지고 올랐었는데 이렇게 나누는구나 싶어 감사했다. 다시 올라간 법당에서 천수경과 석가모니불 정진을 하고 나는 숙소로 내려왔고 도반들은 철야정진을 했다.

다음 날 새벽, 사리탑에 올랐다. 진신사리를 모신 오층석탑으로 우리나라 문화재 보물 제1832호이다. 화려하지 않으나 기품이 있고 단아했다. 촉촉이 비 내리는 제단의 과실에 다람쥐와 동고비가 날아들었다. 삼배를 올리며 문득 드는 생각, 아공법공我空法空이었다. 제단 위의 저들이 환화幻化인가 머리를 조아리는 내가 환화인가. 我도 空이요, 法도 空이 아니런가. 바로 반야바라밀다의 진리가 모두 空인 것이다. 그 어렵기만 하던 법문이 동고비 날갯짓에 튕겨 나가는 이슬처럼 영롱하고 선명했다.

　투명하게 맑아진 마음으로 소청봉과 중청봉을 지나 대청봉까지 올라갔다. 대청봉에서의 설악은 인간의 말문을 막아 놓고 있었다. 안개 가득하면 광활한 운해요, 바람에 구름 걷히면 동해를 배경으로 화채능선과 공룡능선이 솟아올랐다. 음양의 조화를 완벽하게 이룬 그 웅장하고도 요염한 자태를 어찌 짧은 언어로 표현해 낼 수 있을 것인가. 마음에 새길 수 있다는 것만으로도 감사한 일이었다.

　하산하는 길은 고난의 행군이었다. 중청 소청과 회음 각 산장까지는 웃으며 내려왔으나 신선대와 화채능선이 보일 즈음에는 일행들이 내는 감탄사와 고통의 신음소리가 이중주처럼 울려 퍼졌다. 이런 오묘한 상황을 연출하며 도착한 양폭산장이었다. 그곳 넓적바위에서 라면이 보글보글 끓고 있었다. 먼저 도착한 후배가 계곡 옆 바위에서 끓인 것이었다. 너 나 할 것 없이 환호성을 지르며 그의 이름을 연호했다. 지금도 후배는 라면보시의 화신으로 남아 있다.

　그리고 비선대를 지나 도착한 신흥사 청동불상 앞, 비로소 진정하며 삼배를 올렸다.

　"부처님, 모두를 안전하게 품어주셔서 감사합니다."

동문들을 이끌며 내내 긴장했던 남편의 얼굴에도 안도의 미소가 환하게 번졌다.
 일생에 세 번은 올라야 한다는 봉정암이다. 그 길에서의 깨달음은 각자의 몫이리라. 봉정암을 향해 두 손을 모았다. 아무래도 나머지 두 번은 다음 생을 기약해야 할 것 같다.

마라도와 할망당 전설

제주살이 26개월, 이제야 제주가 보인다.

남편이 2020년부터 제주도 현장에 파견 근무 중이라 일 년 중 반을 서울에서, 나머지 반을 제주에서 지내고 있다. 늘 봄날 같은 곳, 따뜻한 이웃이 있어 마냥 살고 싶은 곳이다.

자연도 사람도 아름다운 제주를 이중환은 『택리지』에서 이렇게 말하고 있다.

"제주는 겨울철에도 초목이 시들지 아니하고 벌레가 움츠리지 아니한다. 산 아지랑이와 바다 기운이 끼는 듯하며 땅은 기름지고……."

 사철 푸른 초목과 기름진 땅이 있는 이 섬에는 또 한 가지 귀한 보물이 있다. 들을수록 신비롭고 기이한 수많은 설화가 숨 쉬고 있는 것이다.

 제주의 산천도 돌아볼 겸, 신기한 설화도 확인할 겸 이야기에 얽힌 장소를 찾아다니고 있던 중 마라도의 '할망당' 전설을 듣게 되었다.

 상큼한 바람이 불던 가을날, 누운 말의 형상을 하고 있다는 마라도馬羅島로 향했다.

 모슬포 운진항에서 뱃길로 30여 분 달린 끝에 마주친 것은 마라도의 기암절벽과 해식동굴이었다. 파도에 침식당한 화산지형의 형상은 기괴하기도 신기하기도 했다. 선착장에서 섬으로 오르자 편안하고도 아름다운 산책로가 펼쳐져 있었다. 바닷가 검은 돌에는 황금색 줄을 그려 넣은 거북손 무리가 지천에 있고 형형색색의 들꽃이 꽃처럼 굳어버린 용암석 사이사이에서 만개하고 있었다. 자연이 그리는 형상과 색의 향연에 그저 감탄할 뿐이었다.

 끝없이 펼쳐진 물빛에 넋을 놓는 동안 어느새 '대한민국 최남단 비'에 도달했다. 내 나라의 끝에 서 있다는 생각을 하니 감개가 무량해져 큰 숨이 저절로 쉬어졌다. 그 옆에 마라도 형태의 조형물이 있었다. 섬은 마치 싱싱한 해삼이 몸을 팽팽히 부풀리고 육지를 향해 맹렬히 가고 있는 형상을 하고 있었다. 고개를 돌려 이 최남단 서쪽 먼 바다 속에 있을 이어도를 찾아 실눈으로 헤매다가 아쉬운 발걸음을 떼었다. 등대를 돌자 바다 건너 한라산이 보였다. 제주 곳곳에서 여러 모습으로 자태를 드러내며 만물을 굽어보는 산이다. 제주도민들이 한라산을 영산이라 부르는 심정을 이제는 알 것 같다.

그리고 산책로 끝에서 '할망당'을 만났다. 애기업개의 전설은 이러했다.

옛날, 마라도에서 해산물이나 물고기를 잡으면 해신이 노해 거센 풍랑이 일고 인근 섬에 흉년이 들곤 해 마라도 출입을 금했다. 그런데 모슬포 해녀들이 몰래 아기와 애기업개(아이를 돌보는 계집애)를 데리고 마라도에 물질을 하러 왔다가 모진 바람에 발이 묶였다. 식량이 다 떨어진 날 상군 해녀의 꿈에 어떤 이가 나타났다.

"애기업개를 희생 제물로 바치라. 그래야 무사히 귀가할 수 있으리라."

다음 날 해녀들은 애기업개에게 기저귀를 가져오라 심부름을 시켰고 그녀가 간 사이에 배를 타고 나갔다. 몇 년 후 해녀들이 돌아왔을 때 굶어 죽은 계집아이의 백골만 남아 있었다. 해녀들은 자신들 때문에 희생된 애기업개를 위해 당을 짓고 제를 올렸다.

처음에는 죽은 처녀 신을 모신 당이라 하여 '처녀당'이라 했으나 세월이 흘러 나이를 먹었다 하여 '할망당'이 되었다. 후에 이 섬에 들어와 살게 된 사람들은 애기업개의 슬픈 영혼을 달래주기 위해 제를 지내며 해상의 안전을 기원하고 있다.

— 「신화와 스토리텔링」 요약 발췌

바다를 향한 제단이 검은 돌무더기로 둥글게 쌓여 있었다. 단 아래에는 들꽃이 담긴 꽃병과 술잔인 것 같은 제기가 바람을 피해 쏙 들어가 있고, 엎드려 절을 할 만한 공간이 평평하게 만들어져 있었다.

눈을 들어 바다를 바라보니 모슬포가 보였다. 저 육지를 바라보며 처절했을 애기업개의 심정이 내 마음도 절절하게 들어왔다.

처음에는 배가 돌아올지도 모른다는 기대 속에 바라본 바다. 다음엔 버리고 간 사람들에 대한 원망과 분노 그리고 어느 순간 고독한 체념이 찾아왔을 것이다. 무엇보다도 견디기 어려웠던 것은 배고픔과 공포가 아니었을까? 특히 바다 한가운데서 오롯이 혼자 버텨내야 하는 한밤중 극한의 공포. 나로서는 상상도 할 수 없는 두려움의 나날을 보냈을 애기업개이다.

두고 갔던 이들은 어떠했을까? 많은 이들을 살린다는 대의명분으로 명령을 내렸던 상군 해녀의 심정은? 중군, 하군 해녀는 단지 명령에 복종했을 뿐이라는 변명으로 자위하며 살았을까?

그들 역시 사는 동안 괴로움의 나날을 보냈을 것 같다는 생각이 들었다.

같은 인신공양의 설화였어도 「심청전」은 희극적 결말이었건만 '할망당'은 왜 굳이 이렇게 비극적인 결말을 도출했을까?

생각에 잠겨 하염없이 바다를 보고 있을 때였다. 제단 앞을 지나던 초로의 아주머니가 바다를 건너다보며

"야, 파도가 잘도 쎄다이."

했다. 순간 번쩍 스치는 생각이 있었다.

예로부터 모슬포와 마라도 사이의 바닷길은 유독 험해 수

많은 배가 파선하고 어부들이 죽었다고 했다. 현재에도 이 물길에는 과부탄寡婦灘이라는, 간조 시에만 수면 위로 드러나는 암초지대가 있어 기상악화 시 어선들이 좌초사고를 당한다고 한다.

무한히 생명을 품고 있는 바다가 또한 서슴없이 생명을 앗아가기도 하는 것이다. 애기업개의 비극적 결말의 배경에는 이 험한 바다에 대한 강력한 경고가 들어 있는 것이 아닐까. 하지만 그런 엄중한 경고의 뜻을 품었다 할지라도 애기업개의 이야기는 슬프고 또 아프다.

선뜻 제단 앞을 떠나지 못하는 내게 남편이 선착장을 가리켰다. 나를 뭍으로 데려갈 배가 오고 있었다. 애기업개가 간절히 기다렸을 배.

갑자기 그냥 갈 수 없다는 생각이 들었다. 비록 설화이지만 그녀가 미소 지을 수 있는 일, 내 상상 속에서만이라도 그녀에게 '가지 않은 길'을 보여주어야겠다는 간절함이 일었다. 나는 서둘러 전설에 다른 가닥을 엮어갔다.

상군 해녀의 명에 따라 애기업개를 두고 떠나던 배 안에서 술렁임이 일었다. 부모 사랑도 못 받고 고아로 자란 아이를 저리 죽게 하면 우리도 해신의 노여움을 받을 것이라는 중군과 하군 해녀들의 반발이었다. 상군 해녀 또한 곧 수긍했다. 결국 귀환한 배에 기저귀를 가지고 돌아온 애기업개가 해맑게 웃으며 승선했다. 바다도 인정에 감동했는지 고요했다.

얼마 후 야문 나이가 된 그녀는 시집을 가, 아들 셋 딸 셋을 낳았다. 양주가 부지런하여 배도 한 척 장만하였고 자녀들도 건장하게 잘 자랐다. 검었던 머리가 눈처럼 하얗게 세도록 부부는 무탈하게 살다가 한 날 한 시에 저승길에 들었다.

숨을 고르고 제단에 두 손을 모았다.
"어때요? 그대가 걸어갔을 다른 길이요."
애기업개의 미소가 반짝이는 윤슬이 되어 바다에 가득 찼다. 나는 비로소 바람 부는 언덕을 내려갔다.

겨울에 만난 초록나무 이야기

　　제주의 겨울은 화려하다. 해송, 육송, 녹나무가 하늘을 받치고 동백꽃과 먼나무 열매 붉은 가운데 진노랑 귤이 점점이 박혀 있다. 눈 덮인 한라산과 바다를 배경으로 어우러진 이색적 풍경은 보는 이들의 넋을 빼앗고 만다. 하지만 정작 내 마음을 사로잡는 것은 화려한 이들이 아니라 이름도 생경한 키 작은 상록 활엽수이다. 하얀 눈밭에 핀 이 초록나무들은 신비로운 제주를 실감케 해주었다.

굴거리나무와 꽝꽝나무를 처음 본 것은 2020년 겨울, 1100도로에서였다. 사실, 엄밀히 말하자면 나는 그들과 끊임없이 마주치고 있었다. 봄·여름·가을, 곶자왈과 국립공원에서 무성한 초록 풀들 사이에 있던 그들을 나는 무심히 스쳐 지났던 것이다. 만물이 헐벗은 겨울에서야 비로소 초록 나무는 놀라움으로 나타났다.

눈이 내린 아침, 숙소가 있는 제주시에서 서귀포 미술관을 찾아가는 길이었다. 남쪽으로 가는 여러 갈래의 길 중 나는 한라산 중턱을 넘어가는 1100도로를 좋아한다. 노루와도 심심찮게 조우를 하는 이 길에는 우람한 육송이 빽빽하다. 그 육송에 눈이 덮이면 경치는 가히 장관을 이룬다. 그런데 제주도 체류 기간 동안에 눈 만나기는 쉬운 일이 아니다. 기회를 놓칠 수 없었다. 통제되지 않은 것을 확인하고 길을 나섰다.

역시 숲의 풍경은 환상적이었다. 설경에 취해 몽롱한데 문득 겨울나무 둥치 쪽으로 무성하게 자란 초록 잎들이 보였다. 고개를 쭉 빼고 그 나무에 정신을 팔자 남편이 안전한 갓길에 차를 세우고 설명해 주었다.

"굴거리나무래. 한라산에 올라가는데 군락을 이루고 있더라고. 깜짝 놀랐어. 알아보니까 일 년 내내 초록 잎이라고 하더군."

제주도 현장에 파견 근무 중인 남편은 날씨 좋은 주말이면 백록담에 다녀오는데, 한라산 1,200m 고지에서도 볼 수 있단다. 이 나무는 중국이나 일본 등 난대지방과 우리나라 남부지방인 제주도부터 내장산까지에서 자라는 상록 활엽수라고 한다. 그 자람터에서 훌쩍 올라온 서울에 사는 내게는 신기하게만 보였다. 군락지 가까이로 다가가니 와르르 쏟아져 오는 그 싱싱하고도 다채로운 색채에 눈이 부셨다.

"여기는 봄이네!"

족히 한 뼘은 넘게 길고 넓적한 초록 잎에 화려하고도 붉은 꽃대가 달렸다. 특히 초록 잎사귀는 여타 나무에서 볼 수 없는 강렬함이 있었다. 이 겨울, 이처럼 치명적인 자태로 유혹하는 나무는 대체 무엇이란 말인가? 호기심 가득 찬 눈으로 이리저리 굴거리나무를 들여다보았다. 그리고 마침내 초록이 그토록 눈부셨던 까닭을 알아냈다. 대부분의 나무 잎은 가지 중간중간에서 어긋나기를 한다. 그런데 이 나무의 두터운 잎은 모두 가지 끝에 모여서야 비로소 사방으로 펼쳐진다. 초록을 한꺼번에 발산하고 있는 것이다. 게다가 나무의 키가 그리 높지 않아 잎 전체를 한눈에 볼 수 있는 것도 큰 몫을 하였다. 나무를 요리조리 살피다가 아래쪽에 모양이 다른, 더 작은 나무를 발견했다.

"어머, 다른 아이도 있네!"

"응, 꽝꽝나무래."

꽝꽝나무라니……. 굴거리보다 더 생경한 이름이었다. 그런데 가만히 들여다보다가 씩 웃고 말았다. 꼭 어울리는 명칭이었다. 새끼손가락 두 마디가 채 안 되게 작고 통통한 잎은 짙은 녹색으로 기름을 발라놓은 것처럼 반질반질했다. 차 숟가락처럼 생긴 것이 어찌나 당차 보이는지 "야무진 꽝꽝나무." 소리가 절로 나왔다. 역시 사철 푸른 잎을 가지고 있단다.

초록나무 군락지 여기저기를 돌아보았다. 그런데 굴거리나무들 밑에는 약속이나 한 듯 꽝꽝나무가 있었고, 굴거리가 늘어진 잎으로 작은 나무를 감싸 안고 있었다. 마치 차가운 바람으로부터 꽝꽝나무를 보호하려는 것처럼 보였다. 서로 지켜주고 의지하고 있는 것 같아 문득 '전생에 부부였나?' 하는 생각이 들었다. 꽝꽝나무의 꽃말은 '참고 견디어 낼 줄 아는'이라고 한다. 그것은 인고의 세월을 견뎌내는 우리네 어머니들의 일생을 대변하는 꽃말이 아니런가. 게다가 굴거리나무의 한자 이름은 '교양목交讓木'이라 한다. 그 뜻은

"새잎이 나오기 시작하여 제법 자리를 잡았다 싶으면 묵은 잎은 일제히 떨어져 버린다. 마치 한 가정을 책임지고 있는 가장이 다 자란 자식에게 모든 권리를 넘겨버리고 은퇴하는 모습에 비유할 수 있어서 이런 이름을 붙였다."

라고 한다. 이쯤 되면 두 나무의 사주는 천생연분인 것이다.

그러고 보니, 그들과 우리 부부는 닮은 것 같았다. 굴거리가 바람을 막아주듯 남편은 온몸으로 외풍을 막아내는 가장으로, 나는 꽝꽝나무처럼 잘 참고 견뎌내는 아내로 새잎을 가꾸며 열심히 살아왔다. 부부는 어느덧 인생의 봄과 여름을 지내고 이제 갈무리하는 계절에 들어섰다. 곧 어깨를 기대고 앉아 도란도란 어제를 이야기하며 황홀한 노을을 바라보게 되리라.

따뜻할 리 없는 눈을 덮어 오히려 아름다운 굴거리나무와 꽝꽝나무처럼, 겪어온 삶이 만들어준 빛나는 우리의 노후를 더욱 아끼고 보듬으며 살아야겠다. 곧 2021년 새해 입동이다. 초록이 찬란하게 돋보일 그들을 다시 만날 생각에 가슴이 설렌다.

서백당에 노을이 지다

 모임방에 공지가 올라왔다. '5월 말, 모임 장소는 서백당입니다.'

 서백당書百堂은 회장 언니가 십여 년 전에 마련한 별장으로 양평군 서종면 벌마당길에 있다. 당호의 의미는 '참을 인忍 자를 100번 쓴다.'로 삶의 지침을 일깨우는 말이라 했다. 오랫동안 지켜본 바로는 언니 부부가 일생 지켜온 뜻을 당호로 삼은 것 같다.

 여름 같던 봄날, 콧노래를 부르며 양평으로 향했다. 두물

머리에 들어서자 좁아진 강폭 때문인지 북한강 물살이 더욱 도도해졌다. 시원해진 바람을 맞으며 문호리 삼거리에서 중미산로로 핸들을 꺾었다. 산세 깊고 수림 우거진 이 중미산 자락에는 휴양림과 황순원 소나기 마을, 잔아문학박물관이 있어 문인들과 휴양객들의 발길이 끊이지 않고 있다. 그 가까운 곳에 서백당이 있다.

경사로 아래, 주차장에 서서 서백당을 올려다보았다.
필로티 구조인 본채는 거대한 직사각형으로 개미 한 마리 얼씬 못 할 난공불락의 성처럼 보인다. 그런데 연핑크빛 성벽이 순식간에 견고한 성을 잠자는 공주의 성으로 변신시킨다. 강건한 형태에 동화 같은 색의 조합으로 부드러움을 더한 건축물이다. 전에는 부드러운 면이 좋았는데 지금은 단단해 보이는 외관 앞에서 안도한다. 두 해 전, 언니의 부군이 세상을 떠난 후 이 큰 집에 안주인 혼자 살게 되면서부터 생긴 마음이다.

본채 오른쪽 꽃길 언덕에 올랐다. 디딤석이 촘촘히 깔린 잔디밭 양옆으로 크고 작은 꽃과 나무들이 정갈했다. 집주인의 부지런한 모습을 보는 것 같아 나도 모르게 고개를 저었다. 언니는 손가락마다 관절염이 올 정도로 무슨 일이든 손수, 그것도 완벽하게 해냈다. 생전의 부군은 퇴직 후에도 회사의 중책을 맡았었기에 집안일은 언니의 몫이었다. 손꼽아 기다리던 부군의 실질적인 퇴직이 이루어지고 비로소 행복을 누리는가 싶었는데 갑자기 그가 영면에 들었다. 그 일로 나는 인생의 허무함을 뼈에 사무치게 느꼈다.

언덕을 다 오르자 정면에는 깊어진 숲이, 왼쪽으로는 700평 너른 공간이 시원하게 펼쳐졌다. 산을 깎아 만든 평지이다. 남쪽 산기슭에 병풍처럼 숲이 둘러 있고 북쪽 평지 끝에는 본채의 모습이 당당하다. 또한 동서에 팔각정과 꽃길 입구가 있어 서백당의 균형감을 잡아주고 있다. 산기슭 계곡에는 작은 폭포가 있고 대지 중심에는 농구장과 잔디 마당이 있어 휴식공간도 넉넉히 갖추었다.

본채는 행랑채와 안채로 구성되어 있으며 그 사이에 있는 중정은 지붕이 없어 하늘을 넉넉히 들여놓고 있다. 노송 한 그루가 그림같이 서 있는 그 중정은, 부군이 생전에 우리를 맞이해 삼겹살에 막걸리와 소주, 맥주 등 화려한 주종으로 파티를 열어주던 곳이다. 환한 웃음을 짓던 부군의 모습은 영 잊을 수 없을 것 같다.

온돌바닥으로 찜질방 수준인 행랑채를 지나 안채로 들어갔다. 한옥 천장이 2층 정도로 높은 이곳은 들어서는 순간 숨이 탁 트인다. 실내 인테리어와 가구들도 천연 목재를 사용했기에 차분하고도 고혹적인 한옥의 매력에 흠뻑 빠지게 한다. 안채 아름다움의 백미는 거실과 식당을 가르는 벽에 있다. 중심부가 원형으로 커다랗게 뚫려 있는 것이다. 우주의 생성과 소멸을 뜻한다는 조형물이다. 삼라만상의 이치도 생각의 흐름도 이 앞에서는 막힘이 없다. 그곳에서 시선을 밀고 나가면 주방 뒤 울창한 숲까지 거침없이 가닿는다. 자연도 사람도 품어주는 집주인의 너른 마음에 풍덩 들어가는 느낌이다. 게다가 이 원형 공간은 기막힌 프레임이 되어 액자 노릇을 해주고 있었다. 우리 모두 멋진 포즈를 취하고 필름에 담으며 즐거웠다.

  그곳뿐이 아니다. 중정에 들어온 하늘을 올려다보면 푸른 하늘과 흰 구름이 오늘을 잊게 했다. 나이보다 젊어 보이는 언니의 비결이 저것이 아닐까 싶었다. 세월을 잊게 해주니 늙음이 어디메로 치고 들어올 것인가? 하자 그녀는 고개를 저으며 마당을 향해 손짓했다. 그곳에 있는 진정한 현재를 보란다. 잡풀의 생명력은 놀랍기만 하단다. 잠깐의 게으름에도 그것들은 당황할 만큼 웃자라 앞을 막아선단다. 6월부터 가을까지는 제초 때문에 여행도 못 간다며 허탈하게 웃는다.

향 좋은 커피를 마시고 지인들과 함께 마당으로 나가 허리를 굽혔다. 아홉 명이나 동원되었으니 오늘은 잡풀들이 대거 뽑혀 나가는 날이다. 잡풀이라 해서 귀하지 않은 생명은 없다. 뿌리 가까이로 풀대를 휘어잡으며 '아미타불'을 염송했다.

문득 돌아다보니 폭포 아래부터 동쪽 마당가를 따라 못 보던 측백나무가 빽빽이 서 있다. 그 뒤로 도로가 생겨 담 삼아 심은 것이라 했다. 멋진 조경술에 감탄하며 나무를 따라 갔는데 팔각정 뒤, 햇볕 잘 드는 곳에 뒷밭이 또 생겼다. 상추, 샐러리, 토마토 등 채소들이 고랑마다 싱싱했다. 카랑카랑하면서도 친근한 경상도 사투리가 텃밭에 울렸다.

"내 아침식사용 샐러드거리다. 흐드러지게 많으니 따 갈 사람은 다 가져가라."

그 부지런한 근성은 고개를 절로 숙이게 한다. 지난해에는 누렇게 익은 노각을 덥석 안겨 주었었다. 바람이 쌀쌀해지나 싶더니 멀리 보이는 유명산으로 해가 넘어가고 있었다. 저녁까지 먹을 욕심으로 주방에 들어섰는데 창밖으로 맞춤한 데크와 티 테이블이 보였다. 마운틴 뷰 카페가 숨어 있던 것이다. 이 창가에서 저녁노을에 넋을 놓는 아내를 위해 부군이 공사를 단행했다고 한다. 하늘은 무슨 까닭으로 그렇게 살뜰한 낭군을 그리 급히 데려갔을까.

"팔리기 전에 너희들이 한번 왔다 가는 게 좋을 것 같아서."
 멀리까지 오느라 고생했다는 인사 끝에 언니는 그렇게 말했다. 여기서 생의 마지막을 맞으리라 했던 그녀였다. 그 바람의 중심에는 당연히 남편이 있었다. 그러나 그는 먼저 떠났고 그녀 혼자 남았다. 아름다운 풍경은 차치하더라도 흙, 나무, 돌, 물, 하다못해 내려앉는 새까지 손닿지 않은 것이 없단다. 추억 가득한 이곳에 눌러앉고 싶지만 자식들과 주치의 병원이 가까이에 있는 본가로 들어가야겠다고 한다.
 마당에 서서 바람에 흔들리는 숲과 초록의 풀밭과 아늑한 안채를 돌아보았다. 언니가 이곳을 잊고 살 수 있을까? 아니, 서백당이 언니의 손길을 숨결을 그리고 미소를 잊을 수 있을까.

 서백당에 노을이 지고 있었다.

오리 궁둥이

그날, 나는 프랑스 샤머니 광장에 나타난 오리였다. 커다란 검정 우산 밖으로 흰 궁둥이만 삐죽 내놓고 뒤뚱거리는. 얼굴을 가릴 수 있으니 내리는 비가 고마울 지경이었다.

2014년, 부다페스트에 파견 근무 중인 남편이 장대한 계획을 세웠다. 알프스 지역 드라이브 투어였다. 알프스산맥은 오스트리아로부터 프랑스까지 활 모양으로 휘어져 유럽을 남북으로 나누고 있다. 그중 '하얀 산'이라 불리는 이 샤머니의 몽블랑이 4,808m로 가장 높은 산이다.

한국의 산을 샅샅이 훑고 다닐 정도로 남편의 산 사랑은 지나치게 깊다. 반면 나는 산을 좋아하지 않는다. 고소공포증에 발목도 약해 산에서는 땅만 보며 걸어야 했다. 하산하면 세상이 빙빙 돌았다. 내가 가고 싶은 곳은 유적과 유물이 있는 고도古都나 현재의 모던한 도시이다. 하지만 알프스 지도 앞에서 숨을 몰아쉬며 흥분하는 그를 보며 대장정의 고행을 각오해야 했다. 우리 여정은 니스에서 시작해 인스부르크, 아이거와 융프라우를 거쳐 돌로미테 트레킹 후 마테호른에서 끝맺음하기로 했다. 주말과 휴가 때만 움직여야 했기에 여행 기간은 2년으로 잡았다. 2015년 여름, 이곳 샤머니에서 체르마트로 나가면 남편의 소원이 성취될 터였다.

그러나 인생길은 계획대로 열리는 것이 아니다.

몽블랑 정상이 선명하게 보이는 해발 3,842m 에귀드미드 전망대의 강추위는 상상 초월이었다. 팬티스타킹 두 개를 덧입고 덮어쓴 파카 모자 위에 스웨터까지 둘렀건만 이가 딱딱 맞춰지고 두통까지 생겼다. 그러지 않아도 싫은 산이다. 몰래 화장실로 숨었다가 그의 손에 끌려 나가 전망대에 선 순간 입이 딱 벌어졌다. 하늘과 맞닿는 곳에 실구름 감은 몽블랑이, 하늘과 땅 중간쯤에는 바다가 솟은 듯 운해의 파도가 넘실댔다. 바람에 구름이 밀리면 4,000m 저 아래 인간계가 점점했다. 눈앞에 펼쳐진 절경은 어떤 언어로도 표현할 수 없었다.

'여기가 바로 천상계가 아닐까?'

경이로운 자연 앞에서 멍하게 서 있는데 갑자기 사타구니가 쓸리듯 아팠다. 끼어 입은 스타킹에 살이 조여서 그런 것 같았다. 불편했지만 하산 후 다시 긴너편 브레망 전망대로 오르는 케이블카를 탔다. 그곳에서 보는 알프스산맥 파노라마 역시 비경이었다.

하산 후 호텔 사우나로 서둘러 들어갔다. 꽁꽁 얼은 몸도 그랬지만 점점 더 불편해지는 부위를 풀어줘야 했다. 옥죄던 옷을 벗어 던지고 열탕과 냉탕을 오가며 몸을 풀었다. 그런데 어찌된 일인지 몸 이곳저곳에서 열감이 올라왔다. 부랴부랴 방으로 올라와 화끈거리는 부위를 살펴보니 피부가 흑자주색이었다. 놀란 남편이 얼음을 꺼내 냉찜질을 해주려는데 화가 치밀어 올라왔다. 힘에 부치는 산을 여기저기 끌려다니더니 이렇게 되었다는 생각이 들었다. 그의 손에서 얼음주머니를 뺏으며 "내가 할래!" 했다. 남편이 뒤로 뻘쭘하게 물러났다.

 환부의 사진을 찍어 피부과 의사인 선배에게 보냈더니 답장이 왔다. 우선 스테로이드 성분이 있는 연고를 바르고, 처방전을 보낼 테니 날이 밝는 대로 약국에 가라고 했다. 급한 대로 안연고와 얼음으로 밤을 샜다. 원인을 모르니 온갖 억측만 생겨났다. 혈액순환 장애? 식중독? 사우나에서 화상을 입었나? 뭐가 원인이 됐던 간에 너무 괴로웠고 그럴수록 산행만 고집한 남편이 밉살스러웠다. 환부는 온몸으로 번지고 열은 점점 더 치솟았다. 날이 밝을 무렵 노크 소리가 났다. 낯선 목소리가 소곤소곤 들리더니 그이가 커다란 얼음통을 받아 왔다. 밤새도록 얼음을 얻으러 로비에 갔더니 매니저가 이상한 눈으로 보더란다. 아내가 아파서 그렇다고 하자 고맙게도 그가 얼음통을 들고 객실까지 온 것이었다. 열과 통증에 시달리다가 정신까지 혼미해졌을 무렵 환부를 건드리는 느낌에 눈을 떴다. 그이가 꾸부정하게 앉아 연고를 바르고 있었다. 밤새 앓은 사람은 나인데 그의 모습이 더 초췌했다. 눈이 마주쳤다. 남편의 처진 눈꼬리가 더 떨어졌다.

 "마누라, 아프지 마라."

 내 칼은 무딘 모양이다. 그의 눈과 마주치면 내 화는 늘 물처럼 스르르 흘러가고 만다.

3부 길에서 행복 줍기

새벽부터 비가 내렸다. 이젠 걸음도 제대로 걸을 수 없었다. 내 뒤태를 보고 삐죽삐죽 웃던 남편이 뭐라 말하려다 우물우물 삼켰다. 불쑥 처녀 적, 그가 붙여준 별명이 생각났다. "왜, 오리궁둥이라고?" 하자 푸하하 웃음을 터트렸다. 그는 걸음이 빠르다. 바짓가랑이에서 바람소리가 날 정도이다. 그런 사람을 따라가려니 엉덩이보다 다리가 먼저 나갔다. 지금은 남편이 내 좁은 보폭에 맞추고 있다. 그가 무척 그리워하지만 오리궁둥이는 사라진 지 오래였다. 그런데 그것이 부활했다며 짓궂게 내 뒤를 따라붙었다. 어쩔 수 없는 것이, 걸음을 걸으면 살이 쓸려서 열이 더 났다. 안 닿게 하려면 엉덩이를 있는 대로 빼고 안짱다리로 걸어야 했다. 졸지에 나는 샤머니 광장에 나타난 오리가 되었다.

약국으로 가는 길에 한국 수녀님을 만났다. 친정엄마를 만난 듯 사정 얘기를 했더니 산에 올라간 일행의 약인데 뭔지는 모르겠다며 연고를 내주었다. 사진을 찍어 한국에 보내자 무좀약이니 쓰지 말라는 답이 왔다. 바르지는 못했지만 선뜻 약을 내준 마음에 감사했다.

약사에게 환부가 넓다며 3개를 달라 했지만 거절당했다. 다른 환자를 위해 일인당 한 개만 판매하고 있단다. 더 필요하다면 다른 약국을 찾아가라며 친절하게 약도까지 그려주었다. 어쩔 수 없이 오리궁둥이로 비 오는 프랑스 거리를 헤매야 했다.

환부가 민망한 부위라 싫다고 했지만 꼼꼼하게 발라야 한다며 남편이 큰 손으로 연고를 찍어 발라주었다. 환부에 통풍이 잘되게 하라는 약사의 말대로 누드에 얇은 시트 한 장만 덮고 침대에 누웠다. 남편이 내 손을 꼭 잡고 토닥였다.

"마테호른은 다음에 보고 밀라노로 가자."

아쉬운 것이 있어야 또 꿈을 꾼단다. 미련 가득 담긴 그의 눈을 보며 나도 그런 척했지만, 최첨단 패션의 거리 밀라노! 나는 뛸 듯이 기뻤다.

밀라노에 들어갈 때는 몸의 열감이 없어지고 환부색도 옅어졌다. 북적이는 인파 속에서 미꾸라지처럼 사라지는 나를 잃어버릴까 봐 진땀을 빼던 그가 머리를 흔들었다.

"마누라는 사람을 참 좋아해."

나는 깔깔 웃으며 두오모 성당 앞 광장을 또 뛰었다.

베로나에서는 원형경기장에서 오페라 「아이다」를 감상했다. 장엄한 가극이었다. 남편은 그날의 감동을 회상하며 지금도 감격한다. 그 도시는 불멸의 사랑 이야기 '로미오와 줄리엣'이 탄생한 곳이다. 나도 기꺼이 줄리엣이 되었다. 연고를 들고 온 남편의 손을 잡고 뜨거운 밤을 청했다. 그이도 건장한 청년이 되어주었다.

  알프스산맥 대장정 투어라는 꿈은 이루지 못했지만 유적과 유물이 가득한 도시에서 우리는 무척 행복했다. 환부도 말끔하게 회복되어 오리궁둥이에서 벗어났지만 원인은 끝내 찾을 수 없었다. 어쩌면 위기의 중년 부부에게 신혼의 달콤함을 기억하라는 깜짝 선물이었는지도 모르겠다.

타이완 웨딩케이크

    2018년 5월, 시애틀에 사는 지인 딸의 결혼식에 초대받았다. 지인 부부는, 초등학생이던 남매를 데리고 이민 와 신망 받는 사회인으로 굳건히 자리 잡았으며 무엇보다 화목한 가정을 일구어 모두에게 칭송받고 있다. 어렸던 딸이 성장해 5월의 아름다운 신부가 되었고 새신랑은 대만에서 이민 온 재미교포 2세이다.

  이곳에서는 결혼식의 모든 절차를 신부 측에서 주관하는 것이 통례란다. 전야제와 본식, 피로연이 지인의 집 앞 바닷가에서 열리기에 며칠 전부터 손님들이 모여들었다. 신혼부부가 바이올리니스트라 그런지 악기를 든 손님들이 많았다. 새신랑의 바이올린은 특별한 것으로 대만 박물관 소장품이라고 했다. 유망한 바이올리니스트에게 2년씩 대여해 주고 있는 바이올린을 그는 11년이나 사용하고 있는 영예를 누리고 있단다. 뜻밖에 내게도 영광의 순간이 왔다. 신혼부부가 나만을 위해 나의 애정 곡인「지고네르바이젠」을 연주해 준 것이었다. 야무지고도 알뜰한 신부의 소박한 드레스를 아름답게 장식해 준 것에 대한 답례라고 했다. 내가 의상디자이너로서 쌓았던 그 어떤 커리어보다 값진 감동의 순간이었다.

  새신랑의 부모님도 무척 설레는 모습으로 도착 인사를 했다. 바깥사돈의 인상은 서글서글했고 안사돈은 시종일관 미소를 머금은 모습이 조신해 보였다. 그 사돈 내외가 가방 하나를 무척 귀중하게 다루었는데 크기도 했지만 보물단지 품듯 했기에 무척 궁금했다. 전야제 전날, 사돈이 가방을 열었고 우리는 홀린 듯 바라보았다. 손바닥보다 작고 앙증맞은 붉은 원형 케이크 통이 끝없이 나오는 것이었다. 안개꽃 가득한 식탁에 백여 개의 통을 탑처럼 쌓던 사돈이 마침내 상기된 얼굴로 마지막 케이스를 들어 보였다.

"타이완 웨딩케이크입니다. 타이완에 있는 친척에게 특별히 부탁해 받았습니다."

동화 속의 성 같은 케이크 탑 모습에 둘러서 있던 모든 이들이 "우아아!" 감탄사를 터트렸다. 사돈이 살고 있는 샌프란시스코에서도 이곳 시애틀에서도 구할 수 없어 대만에다 주문해 공수받은 것이라고 했다. 어렵게 구한 것을 무사히 가져와 기쁜 듯 사돈 내외가 눈을 마주치며 웃었다. 케이크는 신랑 신부의 앞날을 축복하는 의미로 결혼식이 끝난 후 참석한 분들에게 드리는 선물이란다. 하지만 넉넉히 장만했으니 일부를 미리 소개한다며 안사돈이 주위 사람들에게 건네주었다. 나도 소중히 받아 들여다보니 그것은 예쁘기만 한 것이 아니었다. 원통 뚜껑 중앙에 금박의 네 잎 클로버 문양이 새겨져 있고 그 위에 붉은색으로 가희嫁喜 글자가 박혀 있다. 아무래도 깊은 뜻이 담겨 있는 것 같았다. '시집을 가서 즐겁다?' 나름대로 해석해 보며 통을 이리저리 돌려보는데 함박웃음을 짓던 바깥사돈이 눈치를 챈 듯 설명해 주었다.

타이완에서는, '嫁'라는 글자가 암시하는 것처럼 신부 측에서 웨딩케이크를 준비한다고 했다. 신랑의 친인척에게 청첩장 대신 케이크를 보내며 결혼을 알리는 것이란다. 그런데 시집올 색시가 타이완 풍습을 모르는 한국인이라 신랑 측에서 대신 준비했단다.

 감사의 뜻으로 고개를 숙이며 상자 뚜껑을 열었다. 하트 모양의 분홍빛 월병月餠이 들어 있었다. 볼록한 하트 중앙에는 용연蓉蓮 글자가 붉은색으로 선명하게 새겨져 있다. 끝없는 글자의 향연에 즐거워하면서도 나는 고개를 갸웃했다. 용蓉도 연蓮도 연꽃을 뜻한다. 새 인생을 시작하는 신혼부부에게 불교의 상징인 연꽃이라니? 생각에 잠겼을 때 안사돈이 반으로 가른 케이크를 접시에 담아주었다. 절단면에 월병 속 내용물이 선명하게 나타났다. 짙은 갈색의 둥그런 소와 더 작은 연미색 소가 동심원을 이루며 숨어 있다. 갈색 소는 연꽃 씨앗을 돼지기름에 볶아 으깬 것이고 작은 연미색 소는 거위알 노른자라고 했다. 금박 물린 웨딩케이크가 소중하게 품은 것은 연꽃 씨앗이었다. 문득 경상남도 함안 박물관에서 700년 만에 꽃을 피웠다는 연꽃 씨앗이 생각났다. 나라는 다르지만 품은 뜻은 같지 않을까? 그렇다면 이 신혼부부는 천 년이 지나도 다시 맺어질 인연이라는 의미가 담겨 있는 케이크인 것이다.

 "연꽃 씨는 비싸기도 하고 구하기도 어려워요. 하지만 꼭 구해야지요."

　안사돈이 조곤조곤하게 설명하던 끝에 함박웃음을 지으며 "아기를 낳으면……." 했다. 아! 나는 무릎을 쳤다. 연꽃 씨앗은 이중의 뜻을 품고 있는 것이었다. 언젠가 감상했던 타이완 영화「결혼 피로연」에서 시어머니가 신부에게 연꽃 수프를 떠먹여 주는 장면이 있었다. 그 수프는 아들 순산 기원을 담은 것이었다. 이처럼 연꽃 씨앗은 자손 번성의 염원을 기댈 만큼 양질의 영양덩어리로 '연밥을 많이 먹으면 자손을 많이 낳는다.'는 설까지 있다. 이 웨딩케이크 속 연꽃 씨앗 역시 융성한 후손에 대한 축원이 깃든 것이다. 궁금했던 거위알 노른자의 의문도 바로 풀렸다. 일반인에게 보양 강장제로 쓰이는 것은 물론 동남아 지역에서는 출산한 산모들의 보양식으로 쓰인다고 한다. 거위알 역시 영양 식품으로 자손 번창을 뜻했다. 이 작고 맛난 타이완 웨딩케이크 속에는 한 쌍의 거대한 꿈이 들어 있는 것이었다.

　하트 모양의 케이크를 둘로 나누어 신랑 신부가 반쪽씩 입에 넣었다. '천 년의 인연'과 '자손 번영'이라는 간절한 소망을 품은 웨딩케이크가 신혼부부의 입에서 녹아들고 있었다.

4부 새콤달콤한 인생

봄맞이 진수성찬

영상통화

호박이 수박 되던 날

붉은 립스틱

고등어 알레르기

주객전도

내년 겨울엔 따뜻할 거야!

짠순이, 내 딸의 꿈은 이루어질 수 있을까

스쿠버다이빙을 하다

모파상의 「목걸이」와 손자

바오바브나무와 개구쟁이

봄맞이 진수성찬

봄이다. 따끈따끈한 봄볕이 몸과 마음에 쏟아져 내린다. 기지개라도 켤 양으로 촉촉해진 흙길을 밟으며 뒷산에 올랐다. 진달래 개나리가 흐드러진 숲길에 여인네들이 한 무더기 앉아 있다. 손에는 호미자루 허리에는 쑥이 담긴 비닐봉지를 달고 있었다. 번쩍, 눈이 커졌다.

"아, 쑥이다!"

반가운 마음에 산책길을 접고 뛰다시피 산을 내려와 마트로 내달렸다. 한 다발씩 담겨 있는 쑥 두 봉지와 껍질이 야들한 배 하나를 담으려 장바구니를 펴는데 "와아아!" 하며 어린애처럼 좋아할 남편의 모습이 먼저 보였다. 쑥·배 무침으로 저녁상을 볼 생각이다. 사찰요리인 이 무침은 여린 쑥과 배를 묽은 간장 소스에 버무려 먹는 것인데 그이가 무척 좋아하는 반찬이다. 그런데 노지에서 나는 것은 날을 놓치면 구하기 어려워 귀한 음식이 되었다. 마음 같아서는 그 여인네들과 함께 쪼그리고 앉아 쑥을 캐고 싶었지만 아쉽게도 흙일에는 청맹과니이다. 독풀이라도 뜯는다면 큰일 아닌가. 마트 상품으로 족해야 했다.

넓은 스텐 통에 쏟아 넣고 쑥을 골랐다. 흰털이 보송보송한 여린 놈과 진초록으로 빳빳해진 것을 따로 담으니 무침으로 쓸 만한 것은 딱 한 접시 분량이다. 흐르는 물에 살살 씻어 소쿠리에 담아놓고 도마 위에 올려놓은 배를 잡았다. 찹찹찹찹, 소리도 경쾌하게 채를 쳤다. 내 채치는 솜씨는 이 요리를 강의해 주었던 스님도 인정해 준 것이었다. 굵은 것은 누워 떡 먹기로 쉬웠고 가늘게 친 채는 도마에 스르륵 눕혀놓으면 지단의 모습과 진배없어 보는 이마다 경탄을 자아내곤 했다. 코로나 격리 기간 중 스트레스 해소 겸 살림살이 장만 겸 큰맘 먹고 들여놓은 반짝이는 그릇세트 중 대접시를 꺼냈다. 접시 한가운데에 물기 쪽 빠진 쑥을 소복이 담고 중간 채로 썰어놓은 배를 가장자리에 주르륵 둘러앉혀 식탁에 올렸다. 물과 매실 액 섞은 진간장은 종발에 담아 접시 곁에 놓았다. 이번엔 쑥국을 끓일 차례이다. 멸치와 밴댕이, 다시마로 우려낸 끓는 육수에 10년 묵은 집 된장을 풀고 남은 진초록 쑥을 모두 넣었다. 쌉싸름한 쑥 내음이 솟아오르자 주방은 순식간에 풀밭으로 변했다.

'어디에요?'

제주도에서 파견 근무 중인 남편이 본사에 일이 생겨 서울로 오는 길이다. 문자와 사진을 올렸다.

'랜딩! 비행기에서 띕니다!'

날듯이 답문이 왔다. 그의 웃음소리가 식탁으로 쏜살같이 달려온다.

자연에서 나는 식품에는 육미라 하여 여섯 가지 맛을 담고 있다. 쓴맛, 매운맛, 짠맛, 신맛, 단맛, 떫은맛이 그것이다. 음식의 조화란 이 육미를 잘 다스려 냈을 때 비로소 이루어졌다고 말한다. 그중 쑥은 쓴맛에 해당되며 성인병 예방에 효능이 있다고 한다. 음식 솜씨 좋았던 시어머니가 봄이면 쑥개떡에 참기름을 슥슥 발라주었는데 며느리는 2개, 아들은 1개로 차별을 두었다. 쑥이 열 많은 사람에게는 해가 된다고 해 몸에 열이 적은 내 몫이 더 많았던 것이다. 발

등에 불이 붙어도 점잖은 남편이 사진을 보고 뛰고 싶을 정도로 좋아하는 쑥·배 무침이지만 봄철 한두 번의 시식으로 맛보기를 끝내는 까닭이기도 하다.

'딸들 집에도 공수?'

그에게서 문자가 왔다. 좋은 것은 입에 넣었던 것도 꺼내 새끼들 입에 넣어주는 사람이다.

'아니요, 남편 입에만 상납.'

매년 그이의 성화에 못 이겨 손톱에 진녹색 물이 들도록 잔뜩 다듬어 두 딸네를 불러 먹였었다. 그런데 딸들은 물론 사위들도 장인어른의 기대에 찬 싱글벙글에 답할 만큼만 먹을 뿐이었다. 아무리 배가 달콤해도 아직은 씁쓸한 생쑥 맛이 입에 맞을 나이는 아닌 것이다. 달고 쓴 인생살이를 좀 더 겪어봐야 쓴맛 속에서 우러나는 감칠맛을 알아낼 수 있을 것이다.

취사 완료를 알리는 솥을 열고 콩물 들어 보랏빛이 된 밥을 주걱으로 살살 저었다. 갓 지은 밥 냄새는 어김없이 참을 수 없는 식욕을 불러온다. 우리 집은 공항에서 차로 30분 거리이다. 금방이라도 남편이 들어올 것 같다. 서둘러 김치냉장고에서 김치를 한 포기 꺼냈다. 톡 쏘는 겨울김치 냄새에 입 안 가득 침이 고인다. 밑동만 툭 쳐낸 김장김치를 한 끼에 한 포기씩 먹는 그이 때문에 해마다 배추를 70포기씩 절이곤 했다. 쑥·배 무침과 쑥국 그리고 죽죽 찢은 김장김치, 오늘 저녁 식탁이 차려졌다. 단출하기 그지없는 밥상이다. 하지만 남편은 환하게 웃으며 말할 것이다.

"진수성찬이네!"

영상통화

 "디띠띠띠디." 컴퓨터에서 발신음이 울렸다. 번개처럼 영상통화 버튼을 누르자 화면 가득 남편의 웃는 얼굴이 나타났다. 뺨의 보조개가 깊게 파이고 실눈이 된, 익숙하고도 그리운 모습이다. 내 얼굴을 꼼꼼히 들여다보던 그가 손바닥을 쭉 펴 얼굴을 슥슥 문지르고 목을 길게 늘여 쓰다듬었다. 변함없는 습관이다.
 30여 년 전 학창시절, 철없던 우리가 부모 몰래 갔던 강릉에서였다. 파도소리에 잠을 깨 보니 그가 내 얼굴을 들여다

보고 있었다. 눈이 마주치자 씩 웃고는 두툼한 손으로 얼굴과 목을 쓰다듬었다. 오늘까지 이어오는 그 습관은 내게 하루가 시작되는 것을 알려주고 있다.

남편은 올해인 2013년 6월 헝가리 건설현장 소장으로 발령받아 출국했다. 수주를 준 회사에서 특별히 지목하여 갑자기 받은 발령이다. 내가 어리둥절, 허둥지둥하는 사이에 그는 인천국제공항을 빠져나가고 있었다. 배웅하는 딸들의 눈가가 촉촉해지는 것을 보면서 '저이가 또 내 곁을 떠났구나.' 생각했다.

우리 부부는 지긋지긋할 정도로 자주 떨어져 있었다. 그는 건축공학을 전공했으며 국가시공기술사이다. 까닭에 결혼 초에는 사우디 현장에, 귀국 후에는 일산, 금산 등 국내 현장에서 근무했다. 근무지로 가족이 함께 가는 직원들도 많았지만 시부모님을 모시고 사는 나로서는 꿈도 꾸지 못했다. 격주로 금요일 밤에 올라와 월요일 새벽에 복귀하는 그이 배웅하기를 이십여 년 간, 그동안 두 딸들은 초·중·고와 대학을 졸업했다. 1985년, 스물여덟 스물여섯 살 청춘에 결혼했던 우리도 흰머리가 천연스레 자리를 잡아가는 중년이 되었다.

오랜만에 친구들과 만난 자리에서였다. 늘 혼자인 나를 안쓰러워하던 친구가 물었다.

"신혼 때 우리 신랑은 해외발령을 받자마자 사표를 냈어. 신혼인데 떨어져 지내기 싫다고. 너네도 그러지 그랬니?"

"그러게 말이야, 신혼이었는데."

맞장구치며 웃었지만 속으로는 고개를 저었다. 그때 우리 집 형편으로 사표는 언감생심이었다. 남편은 스물여덟에 이미 다섯 식구의 가장이었다. 그의 월급으로 병환 중인 시부모님과 뱃속 아기까지 챙겨야 했다. 책임감 강한 남편은 사우디 현장에서 신혼을 혼자 보냈고, 나는 남편 없이 두 아이를 낳았다. 그때 혼자 먹었던 눈물 젖은 미역국은 잊을 수가 없다. 알뜰하게 생활한 덕분에 두둑한 통장이 생기고 아이들도 잘 자라주었다. 떨어져 지내는 탓에 생기는 아빠에 대한 갈증은 주말여행으로 메꾸어 갔다. 당시 남편에게 다녀오려면 아이들의 토요일 학교 결석이 불가피했다. 지금처럼 가족체험학습 신청 제도가 없던 때라 고민이 많았지만 개근상보다 가족애가 더 중요했던 우리는 결석을 택했다. 이해해 주었던 선생님들이 지금도 고맙기만 하다.

2009년 7월, 남편이 드디어 본사로 발령을 받았다. 이십여 년 현장에서 근무했던 그였다. 내근이 낯설고 생소했던

지 처음에는 힘들어하다가 곧 제 페이스를 찾았다. 그렇지만 나는 시종일관 행복했다. 퇴근하는 남편의 발자국 소리에 귀 기울이며 된장찌개를 끓이고 다음 날 입을 출근복을 고르고, 무엇보다 조석으로 그를 대할 수 있는 것만으로도 충분히 기뻤다. 그렇게 4년을 지냈다. 너무나 짧았던 그 시간이 영화의 한 장면처럼 스쳐 지나갔다.

출국 전, 짐 가방에 영양제와 홍삼 등을 넣다가 장탄식을 했다.
"아, 지긋지긋하게 떨어져 산다."
남편도 같은 생각이었는지 시무룩한 표정이 되었지만 곧 미소를 지었다. 미소는 그의 트레이드마크이다.
"좋을 때는 나쁠 때를, 나쁠 때는 좋을 때를 생각하며 평정심을 갖고 살아야 해."
라며 희노애락 어떤 순간에도 잃지 않는 엷은 미소이다. 감정 표현에 거침이 없었던 젊은 날의 내게는 멋져 보이기만 했었다.
"에구, 그 웃음에 속은 내가 잘못이지 누굴 탓하누."
투덜거렸지만 마음이 내는 불만과는 다르게 손은 미울 정도로 착착 짐을 꾸려갔다.

출국 전날 잠을 설쳤다. 단 한 번도 없었던 일이다. 출국장에 선 그도 전에 없던 모습을 했다. 자꾸 되돌아보며 아쉬운 표정을 지었다. 일 앞에서는 직진만 하던 사람이 그러니 마음이 더 짠해졌다. 급기야 딸들도 눈물을 글썽였다.

'이게 마지막이에요!'

소리치고 싶었지만 꾹 눌러 참았다. 현장은 온갖 위험이 도사린 곳이다. 행여 내 잔소리로 인해 좋지 않은 기운이 생길까 저어되어 철저히 피해 온 '바가지'였다. 활짝 웃으며 두 팔을 저었다. "비행기에서 푹 주무셔요!"

다음 날 부다페스트 공항에 도착했다는 연락만 있었을 뿐 날이 지나도 전화가 오지 않았다. 현지 폰 개통 전이라 호텔 밖에서 통화불가인 것을 알고는 있었지만 그의 목소리를 들을 수 없는 것이 너무 힘들었다. 그리고 또 하루가 지났다. 자판을 두드리고 있는데 컴퓨터에서 "디띠띠띠." 생소한 소리가 났다. 급히 영상통화 아이콘을 누르자 남편이 나타났다. "남편! 얘들아!" 달뜬 목소리로 소리쳤고 두 딸들이 달려 나와 컴퓨터 앞에 매달렸다. 그가 실눈을 뜨고 웃었다.

"시차가 7시간이야. 아침은 호텔식, 점심은 한식, 저녁은 현지식. 근데 이곳 음식은 짜. 무지 짜. 허허허."

남편이 차근차근 궁금증을 풀어주었고 온 가족이 컴퓨터

앞에 둘러앉아 도란거렸다. 우리는 일상생활로 돌아와 식사하고 차를 마셨고 그는 싱글벙글 웃으며 지켜보았다. 화면을 TV 쪽으로 돌려 스포츠 중계방송도 보여주었다. 방송을 보는 동안 설거지를 하다가 그가 "마누라" 하고 부르면 물 묻은 손으로 달려와 화면으로 얼굴을 들이밀었다. "응? 왜?" 하면 그가 씨익 웃으며 "그냥." 했다. 몇 시간이 순식간에 지났다. 늦은 밤, 하품을 하자 남편이 그만 컴퓨터를 끄고 자라고 했다. 화들짝 놀라 그냥 밤새 켜놓으련다 하니 안쓰러운 얼굴로 끄덕였다. 그는 일하는 간간이 나를 지켜보았고 나는 그가 곁에 있는 듯 단잠을 잤다.

  남편이 헝가리로 떠난 지 2주일이 되었다. 우리는 매일 한 번 영상통화로 만나고 있다. 한국시간 낮 12시 30분, 헝가리시간 새벽 5시 30분이 되면 "마누라" 하는 다정한 목소리가 들리고 따스한 눈이 내 얼굴을 꼼꼼히 들여다본다. 그러고는 두 손으로 제 얼굴을 슥슥 문지르고 목을 길게 빼며 쓰다듬는다. 변함없는 습관에 나는 행복해하며 그가 입고 나갈 셔츠와 바지를 골라준다.

  영상통화, 참 고마운 세상이다.

호박이 수박 되던 날

지난 11월, 눈 밑 지방제거 수술을 받았다. 미모에 대한 욕심과는 전혀 관계가 없는 일이다. 일찍이, 철들 무렵 깨달은 것이 있었다.

'외모는 중요하다. 그러나 중요한 것을 결정하는 것은 외모가 아니다.'

그리고 이순 중턱까지 수지부모의 모습으로 잘 살아왔다. 새삼 지방제거를 결심하게 된 것은, 눈 밑에 자리 잡은 지방이 점차 커지며 무거워진 때문이었다. 망설이던 끝에 체력

이 조금이라도 받쳐줄 때 하자는 생각으로 성형외과를 찾아갔다. 의사와 상담하면서

"수술이력을 다 말해야 하나요? 오래된 것은 빼지요."

해서 모두 웃었을 정도로 나는 큰 수술을 여러 번 했다. 어떤 수술 앞에서도 의연했었는데 이 작은 수술에는 이상하리만치 떨렸다. 제주 현장 막바지 공사로 바쁜 남편을 대신해 시누이와 친구가 동행하기로 했지만 급기야 불면증까지 도졌다. 수술 전날 그가 "마누라, 비행기 표 끊었어." 했을 때는 울컥 목이 메고 말았다. 그가 온다는 소식에 비로소 숙면했다.

가벼운 수면마취라고 했는데 수술 중의 기억은 전혀 없다. 다만 한 가지 "아프세요?" 하는 의사의 질문에 "무서워요." 했고 "좀 더 주무세요. 마취주사 한 번 더 드립니다." 그리고 눈을 떠보니 남편이 보였다. 그이가 빙긋 웃었다.

"수박 되기 어렵네."

호박에 줄 긋는다고 수박 되느냐는 우스갯소리를 그가 자주 했었는데 드디어 내가 수박이 되는 모양이었다. 그 후의 기억도 없다. 서너 개의 긴 반창고를 붙이고 귀가하는 차에 누워 냉찜질용 패드를 눈에 올렸던 것이 기억의 전부이다.

다음 날 상처소독과 반창고 제거를 위해 내원했고 이젠 잘 아무는 것만 기다리면 된다는 말을 들었다. 남편은 그다음 날 새벽, 내 눈을 한참 들여다보고 "고생했어." 하고는 제주도로 돌아갔다.

내 신체 중 눈은 유독 약하다.

왼쪽 눈은 젊었을 때 과로로 인해 망막 뒤 근육이 뭉쳐 돌출된 상태이고, 오른쪽은 항암치료 부작용으로 중심성 망막염을 앓았다. 망막염 재발 방지를 위해 안과전문 한의원에서 침으로 관리를 받고 있는 지 이십 년째이다. 덕분에 노인성 안과 질환 급발생 예방은 물론 예전의 시력을 그대로 유지하고 있다. 하지만 과로나 스트레스에 가장 먼저 힘들어하는 것이 눈이라 늘 긴장하며 살고 있다.

우려했던 대로 좌측 눈이 수술에 예민한 반응을 보였다. 며칠이 지나도 수술 부위가 붉게 부풀어 있었고 눈을 깜빡일 때마다 충혈된 흰자위가 아팠다. 병원에서 염증 주사를 맞고 통증은 가셨지만 항생제를 좀 더 오래 먹어야 했다. 왼쪽 눈 회복이 더디니 잘 아무는 오른쪽 눈은 남의 새끼가 되었다. 거울을 봐도 사진을 찍어도 아픈 눈만 보였다.

'오늘의 모습입니다.' 가족들 성화에 카톡방에 사진을 올리면 이구동성으로 답이 올라왔다.

'예쁘네! 어제보다 좋아요!'

하얀 거짓말이라는 것을 잘 알고 있지만 나도 이렇게 답장을 올렸다.

'쌩유~.'

가족들에게 걱정을 끼치고 싶지 않은 때문이었다. 일주일 후 실밥 제거를 했고 며칠 사이에 오른쪽 눈은 놀라우리만큼 빨리 얌전해졌다. 하지만 왼쪽 눈의 붓기는 꿈쩍도 하지 않았다. 걱정 끝에 병원으로 갔다. 그런데 익사가 살펴보더니 "네, 잘 아물고 있어요. 기다리시면 되겠어요." 한다. 진료실을 나와 한숨을 쉬며 중얼거렸다.

"내가 보기에는 문제가 많구먼!"

대학병원보다 로컬을 추천해 준 이들을 원망해야 하는가를 심각하게 고민하며 두 주일을 또 보냈다. 3주차가 되던 날 아침, 깜짝 놀라 거울을 보고 또 보았다. 철옹성처럼 굳건히 좌측 아래 눈썹을 차지하고 있던 붉은 살들이 철수를 하고 있는 것이 아닌가! 비록 소량이지만 분명 사그러드는 모양새였다. 안도의 큰 숨이 나오고 그때서야 얼굴 전체가 보였다. 소복하게 통통했던 눈 밑이 편편해지고 뺨도 조금은 팽팽해진 것 같았다. 부지런히 폰 셔터를 눌렀다. 그리고 가족방과 시누이, 친구 카톡방에 사진을 올렸다. 진심 어린 감탄사들이 올라왔다.

'와! 가라앉았네! 이쁘네!'

그날 밤 침대 머리맡에 괴었던 침구들을 다 치웠다. 붓기 빼는 데 도움을 주기 위해 그동안 앉아서 잤었다. 그리고 3주 만에 편히 누워 단잠에 빠졌다.

"아니에요, 이 나이에 그래서 뭐 하려고요."

수술 후 젊어졌다는 소리에 나는 손사래를 쳤다.

"무거워져서요. 그리고 그 자리에 지방낭이 있어서 언젠가는 해야 될 일이라, 차제에 그냥!"

했다. 그런데 참 이상한 일이 생겼다.

눈과 투닥거리다가 정신을 차려 보니 크리스마스가 되어 있었다. 불교신자인 내게는 손자들 선물 고르는 기쁨이 다였던 그날이 이번에는 새롭게 다가왔다. 40여 년 전, 통행금지가 해제된 크리스마스이브에 남자친구와 손을 꼭 잡고 마셨던 다방의 커피 냄새가 실제인 듯 코끝에 맴돌았고 그의 군 주둔지였던 화천면행 버스에서 보았던 산천의 풍경이 선명한 색으로 눈앞을 스쳤다. 가슴도 꼭 그때처럼 철없이 뛰었다.

"오, 옛날 이영옥이가 왔네."

남편이 그렇게 말하면 더욱 성능 좋은 타임머신을 탔다. 그리고 세상사 한 가지를 이해하게 되었다. 연예인이야 직업이니 어쩔 수 없다지만 일반인이 성형수술에 빠지는 것을 나는 전혀 이해하지 못했다. 왜 쓸데없이 몸을 괴롭힐까? 하는 생각뿐이었다. 그런데 호박에 줄을 그어 수박이 되고 보니 달콤했던 옛날로 돌아간 것 같은 착각에 서슴없이 빠지는 것이었다. 거울 앞에서 귀 밑도 당겨보고 이마도 올려 부았다.

"와우, 좋은데!"

혼자 깔깔거리고 웃다가 두 뺨을 토닥토닥했다.

"금생에는 여기까지!"

이제 수술 5주차에 들어섰다. 오른쪽 눈은 회복이 되었고 왼쪽은 아직 조금 더 시간을 요하고 있다. 완전히 아문 후에도 외관상 미흡한 곳은 의사가 손을 더 봐준다고 한다. 문제가 많은 내 눈을 선뜻 맡아 수술해 준 그가 고맙다.

물론 친정엄마가 준 모습 그대로는 아니다. 의사가 기초공사를 해준 이것은 나의 생활습관, 특히 수면자세 습관에 의해 내 얼굴로 만들어진다고 한다. 내 노후가 될 모습은 어떨까? 저세상에 가서 만날 부모님이 우리 막내딸 예쁘네, 하면 좋겠다.

붉은 립스틱

전자시계에 12:04 숫자가 떴다. 오늘따라 도드라져 보이는 것은 판이 새까맣기 때문도, 숫자의 색이 형광이어서도 아니다. 이달 들어 몇 번이나 자정을 넘기는 남편의 귀가 때문이다. 다시 책을 들었다.

손빈이 계책을 올렸다.
"실이 엉킨 것을 풀려면 잡아당기거나 두들겨서는 안 됩니다."

결혼 15년 차 부부이다. 아직도 눈이 마주치면 번개 맞은 나무처럼 온몸이 빠지직 소리를 내는데 요즘 들어 그게 영 나 혼자만의 느낌이라는 생각이 든다. 오늘도 자정을 넘기며 들어서는 남편의 몸에서는 술 냄새가 났다. 향기롭다. 내가 아는 술 냄새가 아닌 그것은 불쾌할 정도로 거슬린다. 징검다리 돌처럼 벗어놓은 그의 옷을 주우며 연상되는 것들. 조도가 낮고 부드러운 불빛, 투명 유리잔에 찰랑이는 붉은 와인, 첫 단추가 풀린 흰 와이셔츠, 그의 긴 팔이 닿은 곳에는……. 아, 아, 머리를 탁탁 치며 주운 옷들을 빨래통에 던졌다. 불륜드라마를 너무 보았다고 자책하기에는 석연치 않은 냄새가 나고 그렇다고 딱히 손에 잡히는 증거는 없다. 대자로 뻗어 푸푸 입술을 불어대는 남편을 보는데 입덧할 때처럼 속이 미식거리고 머리가 띵했다. 물증 없는 심증. 엉킨 실타래가 머릿속에 꽉 들어찬 것 같다. 대나가나 확 잡아당겨 끊거나 가위로 썩둑 잘라버리고 싶지만 아직 남편을 사랑한다. 막판까지 몰고 가 결혼생활에 종지부를 찍고 싶은 마음은 없다. 풀고 싶은 싸움이다. 그리고 반드시 이겨야 할 싸움이다. 쓰린 눈을 비비며 다시 책을 펼쳤다.

손빈은 계속 말을 이어나갔다.

"상대방의 무방비 상태의 허점을 칠 때 싸움은 자연 풀립니다."

씻지도 않고 침대에 누워버린 남편을 골똘히 바라보았다. 새벽이 되면 회사 일을 혼자 다 하는 것처럼 허둥지둥 신발을 꿰차고 나갈 사람이다. 내가 밤새 잠을 못 잤는지, 속을 끓였는지 아는 체도 아니 관심도 없이 또 하루를 살 사람이다. 나 혼자만의 싸움인 것이다. 그가 패자가 될 길은 없다. 한쪽 소매 단추를 미처 못 풀었는지 흰 와이셔츠가 그의 손목에 걸린 채 침대 바닥에 길게 늘어져 있다. 한숨을 쉬며 셔츠를 마저 벗겼다. 그때였다. 번쩍! 머릿속 엉킨 실타래로 번개가 쳤다.

화장대 거울 앞에 섰다. 심장이 심하게 요동쳤다. 살집이 통통 올라 뽀얗던 얼굴마저 붉게 달아올랐다. 입술을 쭈욱 내밀고 고개를 이리저리 돌려보았다. 됐어, 됐어. 고개를 끄덕이며 요동치는 심장을 달랬다. 떨지 말자. 화장대 서랍을 뒤져 지난해에 사놓고 곱게 모셔두기만 했던 립스틱 뚜껑을 열었다. 손톱에 올리려 짓이긴 봉숭아처럼 붉디붉어 차마 입술에 바르지 못했었다. 이걸 쓰게 될 줄이야! 입술에 짓이기듯 붉은색을 올렸다. 그리고 남편의 와이셔츠 앞가슴에 입술을 꾸욱 눌렸다. 셔츠를 펼쳐 보았다. 선명한 입술 자국.
"안젤리나 졸리 입술이 따로 없네."
셔츠의 한쪽 소매를 다시 남편의 팔에 끼워놓았다.

국을 뜨는 둥 마는 둥 하더니 남편이 허겁지겁 나갔다. 그가 닫은 현관을 흘끗 보고 침대로 갔다. 셔츠가 없었다. 침대 밑, 화장실 어디에도 없다. 아무리 생각해도 출근할 때 남편은 분명 빈손이었다. 세탁기를 들여다보았다. 세탁물들을 수북이 이고 셔츠가 맨 밑바닥에 깔려 있었다. 꺼내 펼쳐보니 앞가슴의 입술 자욱이 온통 이그러지고 번져 있다. 어지간히 애를 쓴 흔적이다. 탁탁 털어 식탁 의자에 걸쳐놓았다. 이른 저녁 식탁 불만 켜놓고 단잠에 들었다.
『사기』는 다시 창고로 들여놓았다.

그리고 15년이 흘렀다. 남편은 아직 죄인으로 산다.

고등어 알레르기

　　이번 싸움은 끈덕지게도 앙금이 오래갔다. 전에는 화해 신호가 들어오면 바로 바람 빠지는 풍선 꼴로 푸시시 풀어졌건만 이번엔 몇 날을 넘기고 있다. 남편이 얼어붙은 내 마음을 녹여보려고 최선을 다하고 있지만 그 모습조차 싫으니 나도 나를 모르겠는 조화 속이다.
　　사십 년 지기 친구에게 싸움의 원인을 털어놓았다. 그녀가 미간을 찌푸리며 그게 뭐 화날 일이냐고 타박했다.
　　"고등어야."

"뭐?"

"고등어 알레르기. 누구에게는 정말 맛있는 고등어가 누구에게는 생명까지 위협하는 알레르기를 일으키잖아. 그거야. 난 그 사람이 그러는 것이 정말 싫어."

그녀가 가늘게 실눈을 뜨고 나를 바라보았다. X-ray 같은 그녀의 안광에 나는 곧 고개를 끄덕였다.

"그래, 그걸 나도 잘 모르겠어. 너도 알다시피 그이가 갑자기 그러는 것도 아니고 한두 번 그러는 것도 아닌데 이번에는 정말 못 참겠고 앞으로도 못 참을 것 같아."

속사포처럼 속앓이를 터트리는 내게 친구는 권태기인지 갱년기인지를 잘 생각해 보란다. 집으로 돌아와 심한 갈증으로 냉장고를 벌컥 열었는데 속이 텅 비어 있다. 남편 미운 마음에 반찬은커녕 장조차 안 본 탓이다. 이 지경이면 분명 그이도 굶고 있을 터였다. 미안한 마음이 올라왔다.

"그래, 이 더운 날 제대로 얻어먹지도 못하고, 저러다 큰일 나지."

중얼거리며 가스 불을 켜다가 황급히 밸브를 잠가버렸다. 몽글몽글 끓어 터지는 팥죽의 기포처럼 또다시 그의 미운 행동이 떠올라 눈앞에서 툭툭 터졌다. 한 달 전, 육 개월 전, 일 년 전, 오 년 전, 십 년 전, 이십 년 전……. 아, 내가 도대체 왜 이럴까!

  에어컨을 강하게 틀어놓고 머리까지 이불을 쓰고 누웠다. 억지로 감은 쓰린 눈에 경련이 일고 가슴속에서는 뜨거운 무언가가 몸부림치며 상처를 내고 있었다. 화탕지옥이 따로 없었다. 그런데 더욱 기막힌 것은 내가 스르르 잠이 든 것이다. 깜짝 놀라 일어나 보니 이불은 벗겨져 있고 활짝 열린 창문으로 시원한 밤바람이 들어오고 있었다. 머리맡에는 냉수도 한 컵 놓여 있다. 남편이 들어왔다 나간 것도 모르고 깊은 잠에 빠져 있었다니! 황당한 상황에 망연자실했다. 그러나 그것도 잠시, 나는 다시 까무룩 잠 속으로 빠져들고 있었다. 순간 깨달았다. 왜 이리 화가 안 풀리는 것인지. 권태기도 갱년기도 아니다. 육십을 바라보는 나이에 내 심신은 정상적으로 늙어가고 있는 중이다. 내 나이에 몇날 며칠 밤을 새워도 멀쩡하다면 그건 비정상이다. 그런데 나는 변해가는 내 모습을 낯설어하고 있는 것이다.

  '힘들지 않았는데? 자신이 있었는데? 왜 이러지? 왜? 왜? 왜!'

  이런 불안이 자존감을 저하시키고 콤플렉스로 작용해 남편에게도 관대하지 못했다. 나는 자연의 섭리대로 나이를 먹었고 그에 준하는 심신의 변화를 당당하게 받아들여야 한다. 거실로 유배당한 그이에게 문자를 넣었다.

'내일 아침에 나 좀 봐요.'

며칠 만에 본 남편의 얼굴이 해쓱했다. 나를 바라보는 눈빛이 불안하다.

"나를 똑바로 봐요. 나 늙었어, 안 늙었어?"

돛과 같은 질문에 갈팡질팡하던 그의 눈동자가 간신히 멈추었다. "늙었어."

"빙고! 그리고 내게 힘이 있어요? 없어요?"

이번에는 즉시 답이 나왔다. "없어." 나는 잠시 숨을 고르고 남편에게 조근조근 설명했다.

"나는 이제 그 잘 참던 이영옥이가 아니야. 화를 속으로 삭이며 잠 한 숨 못 자도 끄떡없이 버티던 그 젊은 여자는 이제 없어요. 남들에겐 하찮은 당신의 실수가 나에게는 너무 아픈 고등어 알레르기가 되어버려. 젊어서는 알레르기가 무섭지 않았지만 이젠 견디기 힘든 나이가 되었다고요. 나를 위해서 고쳐줘."

그가 내 얼굴을 감싸더니 빙긋이 미소 지었다.

"나도 고등어 알레르기가 생겼거든."

앗!

주객전도

　　베란다 통창에 가을이 들어왔다. 아파트 정원, 익을 대로 익은 11월 숲이다. 문득 비둘기 한 쌍이 직사각형 화면을 대각선으로 가른다. 활짝 편 하얀 날개 밑으로 노랗고 붉은 풍경화가 푸드득 깨어나고 있다. 홀린 듯 창에 다가서는 순간 전방의 비둘기와 눈이 마주쳤다. 초록 목도리! 엇! 넌!

　　지난 7월, 딸네 집 에어컨 실외기 곁에 비둘기 한 쌍이 집을 지었다.

"흥부네 제비 대신 비둘기네!"

온 가족이 축하 인사를 나눈 며칠 뒤 단톡방에 사진 한 장이 올라왔다. 계란보다 작고 뽀얀 알 사진이었다. 암비둘기가 순산을 한 것이었다. 그날부터 딸은 땀을 줄줄 흘리면서도 에어컨을 안 켜고 실외기 덧문도 열지 않았다. 알이 부화되기 좋은 환경을 만들어 주느라 나름 애를 썼다. 하지만 어쩐 일인지 알은 부화되지 못했고 비둘기 부부는 더 이상 둥지를 찾지 않았다. 게다가 더운 날씨에 알이 썩으며 악취와 벌레가 나왔다. 참담했다. 부랴부랴 생각도 못 한 거금을 주고 전문업자의 손을 빌려 치워야 했다. 그런데 이번에는 비둘기 한 쌍이 우리 집을 찾아온 것이었다.

비둘기 한 마리가 마디 굵은 발가락으로 에어컨 실외기를 딛고 사방을 훑더니 구룩구룩! 구룩구룩! 가슴에서 뿜어져 나오는 소리를 냈다. 그 작은 몸에서 나오는 것이라고는 믿어지지 않는 크고 깊은 울림소리였다. 뒤따라 날아드는 비둘기가 실외기에 발을 올리는 것과 동시에 나는 거칠게 창문을 열었다. 후다닥 녀석들이 날아갔다. 생명체가 내 집에 찾아든 기쁨보다 딸네 집에서 겪었던 고생이 더 현실적이었다. 그날부터 비둘기와의 전쟁이 시작되었다.

　우리 집은 에어컨 실외기가 두 대이다. 업체에 맡기자니 그러지 않아도 고액인데 일반 비용의 곱절을 내야 했다. 내 손으로 해결하기로 했다. 팔이 저리게 손 펌프질을 해 풍선 7개를 만들고 표면에 사나운 눈을 그려 넣었다. 눈꼬리를 바싹 올리고 동공에 까만색을 입혔다. 영락없이 밤중에 만난 고양이 눈이다. 풍선 하나에 4쌍의 눈을 넣었다. 그러고는 막대 몇 개에 풍선들을 매달아 실외기 사이사이에 꽂고 가장 큰 풍선 하나를 실외기 위에 붙여놓았다. 고양이 눈 28개가 허공에서 빙빙 돌았다. 그날 비둘기는 오지 않았고 나는 자축의 춤을 주었다.

　며칠 후, 구룩구룩! 구룩구룩! 공명 깊은 소리가 나를 불렀다. 뭐야! 블라인드를 올리다가 헙! 난 뒤로 물러서고 말았다. 진초록 털을 목도리처럼 두른 비둘기가 새카만 동공으로 날 쏘아보고 있었다. 녀석은 울퉁불퉁한 발가락으로 찌그러진 고양이 눈을 사정없이 밟고 있었다. 숨을 고르고 창문을 열었다. 후다닥 날아갈 줄 알았던 녀석이 꿈쩍도 않고 방충망 사이로 나를 바라보았다.

　'우리 부부 살 집이 필요해!'

　'여기 내 집이거든! 거긴 내가 청소도 못 해!'

우리의 전쟁은 파국을 향해 치달았다.

야외에 놓인 풍선은 며칠 못 가 바람이 빠졌다. 장난감 방을 뒤져 찾아낸 헬륨 풍선이 효과적이었지만 비둘기 부부는 기가 막히게 빈틈을 찾아냈다. 엇갈려 설치된 두 대의 실외기가 만들어 주는 아늑한 공간을 차지하려고 녀석들은 필사적으로 달려들었다. 언제 들어왔는지 밤에 두 녀석이 날개를 접고 머리를 맞대고 있는 것을 발견하면 차마 쫓아낼 수 없었다.

'너네 거기다가 알을 낳으려고 하는 거잖아…….'

마음이 아팠다.

쫓고 쫓기는 중에도 비둘기 부부는 실외기 틈에 수북하게 털을 깔고 분비물을 쌓고 있었다. 알 낳을 준비를 하는 것이었다. 도심 한가운데 살며 어쩔 수 없이 아파트에 둥지를 틀어야 하는 비둘기에 대한 연민이 없지는 않지만 이미 알아 버린 결과가 나를 단호하게 했다. 업체에 전화를 했다.

"사장님, 저곳은 어떻게 해요?"

실외기 위아래로 빈틈없이 비둘기 망을 설치했지만 밖으로 튀어나온 부분은 할 수 없단다. 바로 초록 털의 비둘기가 내려앉아 망을 보고 짝꿍을 부르는 곳이었다.

"아, 저기가 제일 중요한 자리인데요."

실망하는 나에게 사장님은 '비둘기 퇴치 버드스파이크'를 보여주었다. 뾰족뾰족한 철사를 바닥에 붙여 새가 앉지 못하게 하는 것이란다. 살이 닿으면 엄청 아플 것 같았다. 차마 그것까지는 할 수 없었다.

 지금 우리는 가끔 비둘기 망을 사이에 두고 만난다. 둥지를 틀 수 없다는 걸 알았는지 비둘기 부부는 전처럼 필사적이지 않다. 다만 툭 튀어나온 실외기를 쉼터 정도로 사용하고 있다.

 녀석이 가까이 왔다. 나는 슬며시 눈을 내리깔고 가만히 고개를 숙였다. 쉼터에 억센 두 발을 딛고 구룩구룩 파트너를 부르다 나와 눈이 마주친 녀석이 내게서 눈을 떼지 않는다. 새카만 눈동자에는 비둘기 망에 대한 원망도 아쉬움도 없다. 처음 만났을 때처럼 당당할 뿐이다.
 '무단침입은 네가 한 거야.'
 녀석은 날아들던 파트너를 데리고 유유히 그림 속으로 들어가고 있다. 전쟁은 나만의 것이었다.

내년 겨울엔 따뜻할 거야!

　　2016년 겨울, 작은딸 집에 기막힌 풍경이 펼쳐졌다. 분홍과 파랑색 텐트가 거실과 안방을 차지하고 있었다. 딸과 아들을 염원하며 고른 색이란다. 나는 속이 상해 터질 지경인데 내외는 "넓어요." 하며 온수매트가 깔린 바닥에서 데굴데굴 구른다. 철없는 신혼부부 앞에서 실소만 나왔다.

　　신혼집으로 얻은 아파트가 부실공사투성이었다. 여름내 온 집 안에 습기가 차 축축했고 싱크대에서는 악취가 올라왔다. 겨울이 되자 문제는 더욱 심각해졌다. 바닥 난방이 안 되고 목욕탕 수도가 얼어붙었다. 안방은 욕실 환풍기에서 들어오는 냉기에 시베리아 벌판 같았고 다른 방들도 웃풍에 얼굴이 얼얼했다.

임시방편으로 거실 통창과 현관 입구에 김장비닐을 쳐 찬 공기를 막고, 거실 한 귀퉁이 미지근한 바닥을 찾아 부부가 끌어안고 겨울을 났다. 날림도 이런 날림공사 아파트가 없었다. 세를 놓은 회사에 전화를 해 항의했더니 거두절미 "이사 가세요." 하는 것이 아닌가!

유럽식 외관에 단지도 깔끔했다. 무엇보다도 시행사에서 관리하는 아파트라 매매 값에 육박한 전세금이었어도 안심하고 얻은 것이었는데 이런 엉터리 아파트였던 것이다. 게다가 그걸 찾아준 것이 친정엄마인 나였기에 딸 내외에게, 특히 사위에게 얼굴을 들 수가 없었다.

겨울나기가 무섭게 이사를 권했다. 그런데 난감한 표정을 짓던 딸이 남은 계약기간을 채우겠다는 것이다. 회사에서 주장하는 '계약서 불이행 시 치르게 되는 불이익'을 당하기 싫다는 것이었다. 한숨만 나왔다.

다시 겨울이 왔다. 아이들이 또 추위 속에서 살아야 한다는 생각에 머리가 지근거렸다. 그런데 하늘이 무너져도 솟아날 구멍이 있다던가! 텐트 생각이 났다. 인터넷을 뒤져보니 실내용을 판매하고 있었다. 웃풍이 없어도 난방비를 아끼려고 설치해 놓는 집이 많다는 것이다. 야무진 사람들이라고 칭찬은 하면서도 마음 한편이 짠했다.

우리 부부는 물론 사돈댁도 가끔 머무르기에 두 개를 주문하라고 했더니 형형색색의 텐트가 들어선 것이다. 내외가 그 안에서 깔깔거렸다. 젊은이들에게 세상은 '밝음'인가 보다.

"이게 전세니 다행이지, 매매였으면 어쩔 뻔했어! 다음에 집 살 때는……."

부부가 도란도란 미래를 설계하고 있었다. 최악의 상황을 찬란한 앞날의 지침서로 만드는 모습에 가슴이 뿌듯했다.

'엄마, 요기 무지 따뜻해.'

추위를 걱정하는 내가 마음에 걸렸는지 딸은 하루에도 몇 번씩 사진을 찍어 보내주었다. 텐트 속 사위가 반팔 셔츠만 입고 있었다. 둘이 손가락으로 V자를 만들어 머리에 올리는가 하면 하트 모양을 만들며 윙크를 하고 있었다.

'따뜻한 거 알았으니까 옷 입어!'

답장을 쓰는데 후배가 보낸 사진이 한 장 들어왔다. 아들과 함께 촛불을 들고 활짝 웃는 사진이었다. '광화문! 통화

량 폭주라 불통!' 문자도 있었다. 깜짝 놀라 '춥지 않아?' 했더니 자원봉사자에게 받았다며 핫팩 사진을 보내주었다. 아들 손에는 쓰레기 담긴 봉지가 들려 있었다.

'젊다, 젊어! 고생하네. 조심해서 들어가.'

매섭게 찬 날씨를 걱정하며 당부 문자를 보냈다. 잠시 머물다 갈 아파트가 부실공사로 불편한 것도 화가 나는 일이다. 하물며 세세손손 살아가야 할 내 나라의 국정 운영이 부실하다면 더 이상 참담한 일은 없을 것이다.

"법적으로 하자가 없으니 불편하면 위약금 내고 이사 가세요." 하는 부실공사 회사 직원과 "법망을 피했으니 난 책임이 없습니다." 하는 사람들이 닮았다고 느끼는 것, 지나친 비약일까?

하지만 딸 내외와 후배 모자가 가진 젊은 마음은 꼭 닮은 것 같다. 최악인 오늘 상황을 귀감으로 삼아 튼실한 내일을 향해 내닫는 마음이다.

오늘도 두 통의 문자를 받았다.

'엄마, 오빠가 김장비닐로 바깥 현관 입구도 막았어요. 훨씬 따뜻해. 걱정 마세요.'

'선배, 아들이 광화문 자유발언 신청해서 순서 기다려요.

제목이 〈나의 미래, 투표〉랍니다.'

부지런히 답장을 보낸다.

'추운데 고생들 한다. 내년 겨울엔 따뜻할 거야!'

짠순이, 내 딸의 꿈은 이루어질 수 있을까

내 손을 잡고 한 발 한 발 걸음을 떼던 손자가 멈칫 서더니 머리까지 부르르 떨었다.
"어이구 내 새끼, 쉬 했어요? 어멈아, 새 기저귀 가져온나."
"아이, 엄마, 한 번 더 싸도 되요."
애 어멈, 작은딸이 입술을 삐죽 내밀며 엉덩이 무겁게 그냥 앉아 있다. 한두 번이 아니다. 아기 때 밑이 축축하면 커서도 트라우마가 생긴다, 애미란 것이 게을러 빠져서! 이런저런 심한 말까지 해도 요지부동이다. 두세 번 쉬를 해 기저

귀가 축 처지게 무거워져야 갈아주니 할미인 내 속이 뒤집어지곤 한다. 작은딸이 게을러서가 아님을 알기에 더욱 속이 터진다.

작은딸은 '짠순이'이다. 결혼 전 내 슬하에 있을 때도 알뜰했었는데 결혼 후에는 더더욱 상상초월의 짠순이가 되었다. 딸 내외는 맞벌이를 한다. 외식을 좋아하지 않는 딸과 무엇이든 잘 먹는 사위는 매끼를 꼬박 집에서 해 먹는다. 그런 딸 내외를 나는 예쁘게만 보았다. 그런데 알고 보니 딸은 남편의 월급을 몽땅 저축하고 제 월급으로만 생활하고 있었다. 그것도 모자라 그마저도 쪼개 적금을 붓고 있었다. 외식할 여유가 없는 것이었다. 그러니 사위의 용돈 액수는 상상하고도 남을 일이다. 언젠가 사위가 수리비 아끼려 밥솥 고치는 일에 휴일을 꼬박 바칠 때 "그렇게 안 봤는데 구두쇠네." 했었다. 그런데 실상 그 내막이 기막힌 것이었다.

"아이고 이것아, 남편을 잡아도 분수가 있지, 숨 쉬고 살겠냐!"

사위가 들을까 봐 주방으로 끌고 와 윽박질렀더니 딸이 해맑게 웃으며

"엄마, 그래도 그 돈 아껴서 내 선물 사 오는 걸." 했다.

나는 더 이상 할 말이 없어 한숨만 쉬다가 딸 몰래 사위 주

머니에 봉투 한 장을 넣어주었다. 그런데 사위는 그 돈도 아내에게 자진 납부를 했다. 부창부수, 사위는 그렇게 살림하는 아내를 무작정 믿고 산다.

　딸이 제 남편의 직장 근처로 아파트를 얻기 위해 부동산에 갔을 때였다. "전세금 대출은 받지 않아요." 하자 중개인이 물었다.
　"양가 어르신이 도와주시나 봐요?" 신혼부부에게는 비싼 전세금이기 때문이었다.
　"아니요, 우리가 모았어요."
　딸 내외가 뿌듯한 표정으로 대답하자 중개인이 깜짝 놀랐다. 나도 속으로 '저 독한 것!' 하면서도 기특한 마음을 숨길 수 없었다. 이사한 아파트에서 딸은 무척 행복해했다. 사위도 원하던 직장으로 이직했고, 월급은 오히려 깎였지만, 그곳의 바람직한 복지제도에 그러지 않아도 훤한 얼굴이 더 밝아졌다. 물론 깎인 월급만큼 딸의 쥘 심은 더욱 단단해졌다. 눈에 넣어도 안 아픈 아들이지만 예외 없이 적용되는 '알뜰살림'이었고 '묵직해야 갈아주는 기저귀'의 까닭이었다.
　2018년 어느 날, 딸이 잠투정하는 아들을 품에 안고 토닥이며 말했다.

"엄마, 연말에 나오는 아파트 분양에 청약하려고. 되면, 대출은 조금만 받아도 될 것 같아."

목소리가 들떠 있었다. 복직할 직장 근처에 저렴한 아파트가 없어 걱정이라며 부지런히 부동산 사이트를 뒤지던 딸이다. 마침내 비싸지 않게 분양 받을 아파트를 찾은 모양이었다.

"되기만 해. 아빠가 도와주실 거야." 내 말이 떨어지기 무섭게 딸이 거절했다.

"싫어, 엄마. 그거 엄마 아빠 노후 자금에 더 넣어요. 우리 충분해. 이자 계산도 다 했고 내년부터 나도 복직해서 월급 받아. 걱정 하나도 하지 마."

초롱초롱한 눈의 예쁜 딸이 듬직한 말을 쏟아놓은 다음 날부터였다. 집값이 미쳤다! '똘똘한 아파트 한 채'라는 슬로건 아래 아파트가 제 값의 두세 배나 뛰어오르고, '옥탑방에서 한 달 살이'를 하다가 나온 서울시장의 말 한마디에 또 몇억씩 올랐다. 창문이 온통 입으로 변한 아파트가 마녀의 빗자루에 올라타 괴성을 지르며 날고 있는 것 같았다. 끔찍한 악몽이었다. 그런데 더 기함할 일은 전세금이 같이 뛰고 있는 것이었다. 딸이 이사를 해야 하는데 어제 본 아파트 전세금이 하룻밤 사이에 30%가 더 올라 있다고 했다.

"엄마, 겁이 나서……. 부동산에 못 가겠어." 야무지다 못해 차돌맹이 같던 딸이 전화기 건너편에서 목소리를 떨고 있었다.

"걱정하지 마, 좀 기다려 봐. 정부에서 부동산 대책 발표를 한다니까 곧 안정이 될 거야." 일부러 큰 소리로 대답했지만 실상 나도 속으로 떨고 있었다.

"엄마, 우리, 집 살 수 있을까? 나는 그냥 우리 세 식구 살, 조그만 집이면 되는데……."

18세 소년이 부동산 가이드 강연회에 참석했다는 기사를 접했다. 정직, 성실이 사훈으로 걸린 일터에서 평생 일하는 것보다 아파트 갭 투자가 낫다는 말을 누가 이 소년에게 해 주었을까?

짠순이, 내 딸의 꿈은 이루어질 수 있을까?

스쿠버다이빙을 하다

결국, 나도 바다에 뛰어들어야 했다.

팔다리 끼우기도 힘겨운 잠수복 위에 40kg의 산소탱크와 웨이트 벨트를 맸다. 내 입보다 더 큰 마우스피스를 욱여넣고 다이빙대에 서서 뒤를 돌아보았다. 기대와 설렘으로 가득 찬 큰딸이 주먹을 꼭 쥐어 보이며 내게 파이팅을 보냈다. 반면 작은딸은 언니 등에 숨어 물안경 낀 눈만 내놓고 바다와 나를 번갈아 보고 있었다. 작은애에게 수신호를 보냈다.

'엄마가 먼저 내려가서 기다릴 테니 너도 내려와.'

뛰어들어야 할 물속 세계에 대한 공포보다 떨고 있는 작은애가 더 걱정이었다. 큰 숨을 들이켜고 오리발 낀 다리를 힘껏 뻗었다. 겁 많은 작은딸 때문에 덤벼든 스쿠버다이빙 수업이었다.

2006년, 대학생이었던 딸들과 겨울방학을 이용해 필리핀 세부에 있는 어학원으로 영어연수를 갔다. 주중에는 수업이, 주말에는 액티비티 프로그램이 있었다. 주말 프로그램에 두 딸은 스쿠버다이빙을, 나는 현지인 가정방문을 선택했다. 우리 세 모녀는 수영을 오래 해 모두 선수급이다. 하지만 나는 미지의 세계인 물속 나들이가 썩 내키지 않았다. 그런데 관람자로 참석해 보라는 강사의 권유에 바닷가까지 따라갔다가 이 사달이 난 것이었다. 이론 수업 때, 다이빙은 수영과 별개라고 하더니 겁 많은 작은애가 오들오들 떨며 훈련장 풀에도 못 들어가고 있었다. 강사의 난감해하는 모습에 결국 나도 잠수복을 입고 만 것이다.

훈련장에서 무사히 기본기를 익히고 바다 속 훈련 6주 후 우리는 오픈워터 라이선스를 땄다. 그리고 기막힌 다이빙 포인트가 있다는 보홀 섬으로 팀원들과 함께 떠났다. 세부와 보홀 섬 사이의 세부 해협 빛깔은 말로 형언할 수 없었다. 우주에서 보인다던 바로 그 지구의 색상이었다. 찰나의 단위로 떠다닌다는 물체가 외계인의 우주선이 맞는다면, 그들은 저렇게 푸른 희망의 색에 이끌려 지구를 맴도는 것이 아닐까? 이런 생각을 하며 물멍에 빠져들었다.

2시간여 항해 후 보홀 근처 다이빙 포인트에 도착했다. 강사가 호루라기를 불자 노래하고 웃던 팀원들이 삽시간에 차렷 자세로 선상에 도열했다. 모두가 강사의 성격을 익힌 탓이었다. 물 위에서는 한없이 순하고 재미있기만 한 강사가 물속에서는 호랑이보다 더 매섭게 변했다. 그의 번쩍이는 눈빛은 다이버들의 행동을 날카롭게 주시했고, 손동작 하나하나에 모든 스태프들이 일사불란하게 움직였다. 누구든 그가 지정해준 장소에서 한 치라도 벗어나면 순식간에 수신호를 보냈고 스태프가 붙었다. 삼엄한 강사진들의 완벽한 보호 덕분에 큰딸은 물론 팀원들 모두 즐겁게 물속을 유영했다. 작은딸만 빼고 말이다. 그 아이는 어느 순간 겁을 먹으면, 수평이 되어야 하는 몸의 균형이 깨지며 수직 상태가 되어 위로 올라갔다.

다이버들이 잠수했다가 상승할 때는 수면에서 5m 정도를 남기고 일정 시간 정지해야 한다. 감압을 위한 단계이며 이는 잠수병 예방을 위해 지켜야 할 필수 수칙이다. 그런데 몸의 제어력을 놓친 딸은 곧바로 상승을 하는 것이다. 게다가 물속에서 당황해 허우적거리는 사람의 힘은 괴력에 가깝다. 아무도 가까이 갈 수 없었다. 노련한 강사가 제압해 끌어내리기를 몇 번 한 끝에 스태프 한 사람을 전담으로 붙여주었다. 그래도 뒤로 처진 딸이 걱정되 나도 그 부근에서 맴도니 강사가 맨 뒤에서 지켜줄 수밖에 없었다. 민폐도 그런 민폐가 없었다. 다행히 큰딸은 물고기처럼 날쌔 파트너를 리드하는가 하면 오히려 스태프들이 따라가기 바빴다.

  나는 고소공포증을 가지고 있다. 산에 올랐다가 바위를 끌어안고 운 적이 한두 번이 아니었다. 그래서 높은 산 오르기를 저어한다. 그런데 물속에서 느끼는 고소공포증은 최악이었다. 끝도 안 보이는 시커먼 산 아래 자락이 물에 잠겨 있고 내 발바닥은 허공에 떠 있었다. 엎드린 자세라, 보고 싶지 않아도 깜빡이는 눈꺼풀 사이로 그 태초의 무덤 같은 곳을 볼 수밖에 없었다. 해발 3,850m 몽블랑 에귀드미드 안전 바에 달라붙어 손톱만 한 동네를 내려다볼 때도 그처럼 무섭지는 않았다. 내가 작은딸의 공포심을 십분 이해하는 까닭이었다. 또한 형형색색의 물고기를 따라다니고 영롱한 빛의 산호초 가까이로 쑤욱 내려가기도 하는 큰딸의 대담한 기질을 부러워하는 이유이기도 했다.

다이빙은 다이버들에게 최상의 컨디션을 요한다. 강사는 식사 후 충분한 휴식과 스트레칭으로 몸을 푼 후에야 입수를 인도했다. 잠수 시간은 40분이고 감압 10분, 올라오면 다시 간식으로 체력 보강을 했으니 그날은 세 번의 다이빙이 최대치였다. 하지만 내 체력은 입수 두 번 만에 고갈되고 말았다. 마지막 잠수 준비를 하던 큰딸이 고개를 갸웃하며 말했다.

"엄마, 얼굴이 하얘요, 좀 누워 있어요. 우리만 들어갔다 올게."

뱃전에서 기다린 지 한참 만에 팀원들이 올라왔다. 작은딸 안색부터 살피니 엷은 미소를 띠고 있어 마음을 놓았다. 그런데 뒤따라 올라오던 큰딸이 나를 보자마자 눈물을 글썽였다. 생각지도 못한 상황이었다. 타월로 몸을 따뜻하게 감싸자 아이가 폭 안겨왔다.

엄마가 없어서 동생이 걱정이 되었단다. 그래서 옆에 있어주려고 뒤로 갔는데 스태프가 작은애를 데리고 앞으로 갔고, 뒤따라오던 강사도 다른 곳에서 보내는 신호를 받고 가버렸단다. 주위에 아무도 없다고 느끼는 순간 패닉 현상이 왔다고 했다. 총천연색으로 아름답던 바다 속이 온통 꺼멓게 보이고 그 많던 물고기조차 없더란다. 숨이 막히고 손발이 저려와 꼼짝할 수가 없는데 1초가 1시간 같았다고 했다. 마우스를 꽉 물고 심호흡을 하는데 언제 왔는지 강사가 다가와 엄지손가락을 치켜세우며 칭찬 신호를 보내더란다. 번쩍, 정신이 돌아왔다고 느끼는 순간 동생부터 찾았다고 했다. 아이는 아직 가쁜 숨을 쉬고 있었다. 온몸에 소름이 돋고 가슴이 저려와 딸을 꼭 안고 속삭였다.

"혜준아, 내일은 하지 말자."

몰아쉬던 숨이 잦아드는 것 같더니 아이가 가만히 고개를 저었다.

"엄마, 무섭다고 내일 안 들어가면 영영 못 들어갈 것 같아. 바다 속이 얼마나 예쁜데. 내가 알아서 할게요. 혜상이한테는 말하지 마요. 그러잖아도 겁이 많은 애인데."

큰딸은 늘 그랬다. 호기심이 생기면 직진하고 책임감 있게 갈무리를 했다. 가족에 대한, 특히 동생에 대한 배려심도 남다르다. 그런 딸을 나는 무한정 믿고 살았다. 그래서 감당하기 힘든 상황을 그 애도 겪는다는 것을 자주 잊어버린다. 그날처럼 힘들었다고 토로할 때면 가슴 조이게 미안하면서도, 그 아이가 끊임없이 자신을 이겨내는 한, 난 앞으로도 큰딸을 믿고 살 것이다.

다음 날도 그다음 날도 딸들은 에메랄드빛 바다 속을 유영했고 세부로 돌아와 다음 단계인 어드벤스 자격증까지 땄다. 물론 나는 더 이상 물에 들어가지 못했고, 뚝심 있고 자상한 큰딸이 작은딸을 이끌었다. 단순 호기심이 봉사정신으로 바뀐 큰딸은 다음 해 서울에서, 구조대원으로 활동할 수 있는 레스큐 코스까지 해냈다.

그런데 지금, 큰딸은 물속에 들어가지 않는다. 스쿠버다이빙 라이선스는 2년에 한 번씩 재시험을 치르며 계속 갱신해야 한다. 심지어 딸은 그 과정도 멈추었다.
"엄마, 태연이를 생각하면 내 몸이 내 것이 아니더라고요. 위험한 건 못 하겠어."
늘 누군가를 돌보며 사는 큰딸에게 아들이 생긴 것이다.
"엄마가 위험한 거, 무서운 거를 피하는 마음을 이제 알겠어요."
밑도 끝도 없이 내 인생을 보상받는 것 같은 이 느낌은 무얼까? 뭉클한 마음으로 큰딸을 바라보았다. 이 아이는 자꾸자꾸 나를 기대게 한다.

모파상의 「목걸이」와 손자

　　　　일곱 살 손자가 뽑아 온 동화책은 모파상의 「목걸이」다. 아이는 제 밥그릇 옆에 동화책을 놓으며 외보조개가 쏙 들어가게 웃는다.
　"할머니, 이거 읽어줘요."
　"그래, 대신 밥 한 술에 동화 한 단락이야."
　입 짧은 손자가 고개를 끄덕이며 있는 힘껏 입을 벌린다. 송송 박힌 하얀 젖니가 다 보인다.
　아침, 유치원 등원 준비 중이다. 나는 목소리를 가다듬었다.

젊고 아름다운 마틸다는 남편과 함께 파티에 초대되었어요.

마틸다는 즐겁다는 생각보다 입고 갈 드레스가 없다는 생각에 시무룩해졌어요.

남편은 저렴하지만 아름다운 드레스를 사주었어요.

마틸다는 무척 즐거웠어요. 하지만 그것도 잠시뿐이었어요.

그 드레스에 어울릴 목걸이가 없다는 생각이 들자 다시 시무룩해졌어요.

마틸다의 불행이 싹을 틔우는 장면이다.

"아니, 이 남편은 왜 초대장을 받아 온다니! 마틸다의 허영심에 기름을 붓는 거잖아."

나도 모르게 중얼거리고 말았다. "응?" 손자가 눈을 깜빡이며 나를 보았다. 눈이 마주치는 순간 나는 흠칫 놀랐다.

"아니, 언제 이렇게 컸어?"

며칠 전만 해도 나를 올려다보던 손자가 어느새 비슷한 눈높이로 마주 보고 있다. 물 한 모금에도 한 뼘, 밥 한 숟가락에도 한 뼘씩 크는가!

"한여름 죽순인가?"

녀석의 엉덩이를 토닥이는데 "앵? 내가 죽어?" 한다.

"푸하하하, 죽다니, 죽순이라고. 눈 깜빡하는 사이에 불쑥 불쑥 크는 죽순이라고."

순간 당혹감이 밀려왔다. 아직 어리기만 한 손자이다. 모파상이 「목걸이」를 통해 말하고자 하는 자연주의 철학적 의미를 어찌 설명해야 하나 하는 생각이 들었기 때문이다.

마틸다는 친구에게 빌린 다이아몬드 목걸이를 걸고 파티에 갔어요.
아름답고 화려한 마틸다에게 모든 남자들이 춤을 신청했고
마틸다는 빙글빙글 신나게 춤을 추었어요.

뭐가 문제인 것일까?
빌려서라도 화려하게 치장하고 싶은 인간의 허영심일까?
화려해 보이는 사람에게 호감을 갖는 인간의 또 다른 허영심일까?
손자가 불고기 덮밥을 오물오물 씹으며 마틸다가 춤추는 화려한 장면에 즐거워한다. 문제가 무엇이든 간에 손자를 즐겁게 해주는 마틸다가 계속 행복하기를 바라본다.
하지만 모파상이 묘사하는 인간의 희망과 절망은 냉정하리만큼 정교하다.

집에 돌아온 마틸다는 목걸이가 없어진 것을 깨달았어요.

"잃어버렸대? 친구한테 빌린 건데?"
손자의 목소리에 수심이 가득하다. 내 맘에도 걱정이 한 가득 밀려든다.
'아아, 이걸 어쩌나, 책 읽기 말고 그냥 마트놀이나 케이블카 타는 놀이를 할 걸.'
몸으로 하는 놀이가 정신적으로는 훨씬 편하다는 것을 또 깨닫는다.
"어떻게 되는지 계속 읽어보자. 자, 김치."

마틸다와 남편은 값비싼 목걸이 때문에 십 년간 온갖 허드렛일을 하였어요.
목걸이 값을 다 갚은 어느 날 마틸다는 친구를 만났어요.
늙고 초췌해진 마틸다를 보고 놀란 친구는 그 목걸이가 가짜 다이아몬드였다는 것을 말해주었어요.
"뭐! 가짜라고? 내가 그 가짜 목걸이 때문에 10년 동안 죽을 고생을 했단 말이야?"
마틸다는 기가 막혀서 더 이상 말을 하지 못했어요.

「목걸이」의 이야기는 여기서 끝이 났고 나는 일곱 살짜리 손자에게 이 동화의 중심 얘기를 해주어야 한다. 모파상은 이 작품을 통해 인간의 어리석음과 허영심, 추함과 이기심, 슬픔과 쓸쓸함 등 인간의 본성을 보여주고 있다. 그러나 장난감 비행기를 꼭 쥐고 있는 손자에게 설명하려니 어렵기만 하다. 머릿속이 복잡했다.

"어때? 마틸다는 왜 10년이나 죽을 고생을 했을까?"

허영심을 설명해 주리라 잔뜩 마음먹고 있는 할머니에게 손자가 강편치를 날렸다.

"자기 몸은 자기가 지켜야 해. 왜냐하면 사람마다 생각이 다 다르니까."

멍 하니 손자를 바라보았다.

'이 아이가 몇 살? 애 어멈이 나 모르게 철학 과외를?'

바보 같은 생각을 하다가 서둘러 유치원으로 향했다. 배꼽 인사를 남기고 등원하는 손자의 뒷모습이 유난히 커 보였다.

'내 삶의 기준점을 타인의 시선에서 찾지 마라.'

내가 평생 찾아다닌 답을 일곱 살짜리 손자가 선뜻 내주었다. 오늘 읽은 모파상의 「목걸이」는 나를 위한 동화였다.

바오바브나무와 개구쟁이

눈을 동그랗게 뜬 아이가 엄지와 검지를 맞닿을 듯 붙여 갔다.
"코끼리가 요만해요. 나무가 엄청 커요."
바오바브나무 앞에 서 있는 코끼리 사진이다.

어린 왕자가 말했다.
"바오바브나무도 크기 전에는 작은 데부터 시작해요."

아프다는 개구쟁이 손자의 배를 쓸어주는 중이다.

"맞아, 엄청 큰 나무야. 이렇게 큰 나무를 쉽게 뽑을 수 있을까?"

"아니요, 쉽지 않을 것 같아요."

나는 다시 물었다. 그럼 이 나무를 뽑으려면 조그마할 때가 좋겠지? "네." 아이가 고개를 끄덕였다.

"이 바오바브나무가 처음 싹을 틔웠을 때는 얼마만 했을까?"

창틀, 통에 담긴 불린 쥐눈이콩에서 여린 싹이 뾰족뾰족 올라오고 있다. 손자가 손을 쭉 뻗어 가리켰다. "조만한가요?"

"그렇지. 조만하면 뽑을 수 있겠지?"

"그렇죠. 그런데 바오바브나무를 왜 뽑아야 해요?"

나는 또 책을 펼쳤다.

어린 왕자가 태어난 별의 크기는 집 한 채보다 클까 말까 하다. 많은 바오바브나무가 자라서 뿌리를 내리면 작은 별은 터져버린다.

별이 터져버린다는 이야기에 깜짝 놀란 손자가 "아, 뽑아야 해요!" 했다.

"그런데 한 번에 다 뽑힐까? 뿌리가?"

유심히 책을 들여다보던 손자가 또박또박 읽어 내렸다.

"아침에 별을 세수시킬 때마다 바오바브나무의 뿌리를 뽑아줘야 해요. 규칙적으로요."

"맞아, 맞아."

아이는 초등3학년이다. 세상 이치도, 옳고 그름도 조금씩 이해하고 구별한다. 반어법도 재치 있게 써서 어른들과 재미있게 소통도 해나가고 있다. 그뿐 아니라, 태양이 햇살만이 아니라 그림자도 함께 준다는 것을 터득해 가고 있는 중이다. "배 아파요."는 '소화제 주세요.'가 아니라 '공부 안 하고 놀고 싶어요.'로도 번역된다는 것을 알게 된 것이다. 지금도 아이는 배가 아프다. 제 엄마가 내준 숙제는 멀리 밀쳐놓고 내 무릎에 머리를 베고 누웠다.

"어떤 아이가 있는데, 학교가 재미없어서 집에 가고 싶으면 어떻게 할까?"

아이의 표정이 복잡해졌다. 눈빛은, 앗! 걸렸다 생각에 겸연쩍은데 입술은 장난기로 벌어져 있다. "전 아니거든요!" 나는 정색을 했다.

"당연하지. 태연이는 절대 그러지 않지. 어떤 아이, 어떤 아이가 말이야."

손자가 수긍하듯 머리를 갸웃했다. 아이의 머리를 쓰다듬으며 말을 이어갔다.

"처음에는 정말 배가 아파서 선생님한테 말했지. 그랬더니 집에 보내준 거야. 다음에는 재미가 없어서, 배가 아파요 했더니 또 집에 가래. 그런데 자꾸 그러면 그 아이는 어떻게 될까?"

"공부를 못하게 되요." "친구하고는?" "안 친해져요." 하더니 아이의 표정이 깊어졌다.

"맞아, 그럼 그 생각은 좋은 거야, 나쁜 거야?"

"나쁜 거예요."

"그러니까, 그건 어린 왕자별에서 자라는 바오바브나무랑 똑같은 거야. 바오바브나무가 크게 자라지 못하게 하려면 어떻게 한다고?"

아이는 콩나물시루를 가리켰다. "조렇게 작을 때 뽑아버려요."

"그렇지, 집에 가고 싶어서 '배 아프다고 하고 싶어.' 생각이 들면 어떻게 해야지?"

아이는 엄지와 검지로 배꼽 부분을 잡아당겼다.

"이렇게 쏙 뽑아버려요."

앙투안 드 생텍쥐페리, 그는 천재다.

작품해설 · 임헌영/ 문학평론가

추천사 · 이재무/ 시인

작품해설

행복 찾기로서의 미학
- 이영옥 수필집 『이 여사의 행복 카페』를 읽고

1920~30년대의 항공술은 땅 위의 탈것 문명사에 비유하자면 자전거 시대 수준이었다. 국제선이래야 고작 우편선만이 있었던 고색창연한 항공기였으니 중남미의 험준한 안데스 산맥을 넘는 데는 고난도 조종술이 필수였다. 그 험준한 산맥을 횡단 중 한가운데서 우편선 한 대가 추락했다. 조종사는 프랑스 항공업계에서 가히 신화적인 존재였던 기요메(Henri Guillaume, 실존 인물, 1902~1940)였지만 겨울인데다 고산지대는 영하 40도라 속수무책이었다. 굶주린 채

언 몸으로 걷던 그는 "세상에서 평화를 얻으려면 눈을 감는 일밖에 없었다. 그것은 세상의 바위와 눈을 지워버리는 것이다. 그 기적적인 눈꺼풀을 감기가 무섭게 타격도, 추락도, 찢어진 근육도, 타는 듯한 동상도 없어지고, 소같이 건장할 때에 끌고 가야 할 그 생명의 짐, 마차보다도 더 무거워지는 그 생명의 짐도 없어지는 것이었다. (…) 그대의 의식은 육체의 먼 부분을 차차 포기하였고, 지금까지 괴로움을 실컷 당한 그 육신은 벌써 대리석과 같은 무관심을 물려받았다." 눈 속에서 생존본능조차 사라지는 바로 이 찰나에 기요메의 뇌세포에서 반란이 일어났다.

> 내 아내가 만일 내가 살아있는 줄로 안다면 내가 걷고 있는 줄로 생각한다. 동료들도 내가 걷고 있는 줄로 생각한다. 그들은 모두 나를 믿는다. 그러니 만약에 내가 걸음을 걷지 않는다면 나는 못난 자식이다.(생텍쥐페리, 『인간의 대지』 중 「2. 동료들」, Antoine de Saint-Exupéry, 『Terre des Homme』, 1939)

그러나 '못난 자식'이 안 되려던 안간힘도 육신의 한계 앞에서는 허물어져버려 계곡의 바닥에 쓰려져버렸을 때 돈오

작품해설 269

돈수처럼 다시 아내의 처지가 떠올랐다.

"나는 내 아내를 생각했네. 내 보험증서가 있으니 별로 비참한 생활은 하지 않게 되겠지. 그러나 보험은……."
실종의 경우, 법정 사망은 4년이 미루어진다. 이 점이 그대에게 번갯불같이 나타나며 다른 영상들을 지워버렸다.(위와 같은 장)

자신의 시신이 여름 등산객에 의하여 쉽게 발견될 수 있게 하려면 계곡물에 휩쓸리지 않게 안전한 고지대여야만 한다는 일념으로 탈진한 육신을 일으켜 세워 걷고 또 걸으며, "내 심장에게 말했네. 자! 조금만 더 기운을 내라! 좀 더 뛰어봐!"
그러자 육신에 지배당하던 의식이 도리어 육체를 지배하게 되어 여름 장마가 이어져도 자신의 시신이 홍수에 휩쓸려 실종되지 않게끔 안전한 언덕바지를 찾아 헤맸다. 이렇게 사람들 시선에 잘 띄는 곳에 터전을 잡고자 그는 한겨울 눈보라 속의 안데스 심산을 4박 5일 동안 걸었다. 그래서 그는 구출된 뒤에 자신이 살아난 것은 오로지 자기 인생의 책임을 다하기 위해서였다고 털어놓았다.

사람이 된다는 것은 바로 책임을 안다는 것이다(Être homme, c'est précisément être responsable.)(위와 같은 장)

그 책임의 맨 앞자리는 아내(가족) 사랑이 차지했고 그다음은 직장 동료(친지)들이었다. 기요메에게 일어나 걸으라고 강하게 독려한 것은 대지였기에 생텍쥐페리는 책머리에서 "대지는 우리에게 만 권의 책보다 더 많은 것을 가르쳐 준다. 왜냐하면 대지는 우리에게 저항하기 때문이다. 인간은 장애물과 겨뤄볼 때 비로소 자기의 진가를 발휘한다(La terre nous en apprend plus long sur nous que tous les livres. Parce qu'elle nous résiste. L'homme se découvre quand il se mesure avec l'obstacle.)"라고 설파했다. 인간은 태어난 곳도 대지이고 살아가는 곳도 대지이며 죽어서도 대지로 돌아가기 때문이다.

2. 기요메를 닮은 작가의 부군

앞머리에서 기요메라는 프랑스 사나이를 장황하게 늘어놓은 건 이영옥 작가의 인생관과 세계관과 행복론에다 문학관과 작품의 미학적 구조가 너무나 닮았기 때문이다. 이 작품집 전체를 관통하는 이영옥 작가의 삶과 작품세계는 한마디로 "사람이 된다는 것은 바로 책임을 안다는 것이다."란 기요메의 설파와 일치한다. 그가 아내를 자기 삶의 책임의 옥좌에 앉혔듯이 이 작가는 낭군님을 앉혔고, 그 두 번째인 직장 동료의 자리에는 가족과 친지들이 차지하는 것까지도 영락없는 판박이다.

그러니 독자들은 이영옥 작가를 알고 싶으면 가장 먼저 「일어나, 힘들어도 지금 일어나」를 읽어보기를 강추한다. 그녀의 인생론이자 행복론의 축약판인 이 작품은 『인간의 대지』와 너무나 흡사하다.

이 작가는 대학 1학년 때 불교 동아리의 하계수련회로 통도사에서 템플스테이를 했다. 평소에 자상하던 선배들은 일주문을 지나면서 스님들의 죽비보다 더 매섭게 표변하여 불경 암기부터 사찰 규율 엄수와 "예불 때마다 백팔 배를 하고 벌칙으로 또 절을 했으니 당연히 다리를 절룩이는 친구들이 생겼다." 나흘째 되던 밤엔 법당에서 천팔십 배를 올리는데, 6,7백 배에 들어서자 "절반 이상이 앉았고 내 옆의 동기 둘도 엎드린 채 숨을 몰아쉬고 있었다. 그때 친구들에게 왜 그런 말을 했는지 나도 모르겠다."며 아래와 같이 서술했다. 좀 길지만 중요한 구절이기에 그대로 인용해본다.

"일어나, 지금 쉬면 못 일어나. 힘들어도 지금 일어나!"

하지만 그대로 엎드려 버린 이는 맥없이 포기했고 이를 악물고 일어났던 친구는 마지막까지 함께 했다. 그는 지금도 일년에 두 번씩 삼천 배를 올린다고 한다. 밤 9시에 시작한 천팔십 배는 새벽 1시가 넘어서야 끝이 났고 열 명 남짓한 인원만 남았다. 나도 그 속에 끼어 법당을 나왔다. 하늘 가득 새벽 별이 시원하게 빛나고 있었다.

절뚝거리는 나를 숙소까지 부축해 주던 선배가 물었다.

"영옥이는 처음이었을 텐데, 중간에 쉬면 못 일어난다는 걸 어떻게 알았지?"

"모르겠어요. 본능인가 봐요. 전 본능에 충실하거든요."

씨익 웃었다.

그때 숙소까지 부축해 주었던 선배는 지금 남편이 되어 있다.

"일어나, 힘들어도 지금 일어나!"

오랫동안 잠자던 본능이 몸속에서 꿈틀대기 시작했다. 사력을 다해 자판 위에 떨리는 두 손을 올린다. 다시 한번 시원하게 빛나는 새벽 별을 보아야겠다.(「일어나, 힘들어도 지금 일어나」)

이영옥에게는 인생살이에서 너무 빠르다거나 늦었다거나, 너무 젊거나 늙었다는 구차한 변명이 통하지 않는다. 언제 어디서나 책무가 생기면 그 자리에서 바로 '지금 일어나!'라고 하는 주의다. 이 작가에게는 '지금 있는 곳이 꽃자리'일 수도 있지만 설사 아니면 어서 꽃자리로 만들고자 스스로 일어나는 것이다.

이 작가의 늦깎이 글쓰기도 이런 그녀의 인생론과 맞닿아 있다. 쉰 넘어 『한국산문』 산하의 수필반에 입문하여 등단의 환희를 누린 후 선물 같은 손자들의 재롱에 파묻혀 수필을 까맣게 잊고 행복에 도취했다가 지인의 수필 앞에서 가슴이 철렁 내려앉는 참담함을 느낀 그녀는 다시 붓을 들었으나 '이대로 한 줄도 못쓰게 되면 어쩌지?'라는 낭패와 직면했다. 이때 그녀가 들었던 "본능의 목소리"가 "일어나, 지금 쉬면 다시는 못 일어나. 힘들어도 지금 일어나!"였고, 그 결과로 맺어진 게 바로 이 수필집이다.

기요메가 인간의 책무를 다하고자 죽음 앞에서 그 본능을 발휘했듯이 작가 이영옥은 고통과 안내의 한계 앞에서 그 본능을 살렸다.

다시 템플스테이 시절로 돌아가노라면 이런 본능의 소유자인 이영옥의 존재가치를 꿰뚫어본 그 선배 역시 영락없는 기요메의 분신이고 보니 둘의 궁합이 변증법적으로 얼마나 잘 맞겠는가.

건축공학을 전공한 이 한국의 기요메는 국가시공기술사로 결혼 초부터 사우디 현장을 시발로 헝가리를 비롯해 국내 현장(일산, 금산 등)을 두루 거치다가 지금은 제주도에 머물고 있다. 기요메처럼 탄탄한 육신으로 세상 무서울 것 없이 승승장구하던 그가 1996년, 서른아홉 살에 맞은 비인강 암 말기라는 날벼락이 떨어진 건 안데스 산속에서 재난을 당했던 기요메와 다를 바 없었다. "항암치료제는 상상 밖으로 독했고, 그로 인해 탄탄하기만 했던 그의 육신은 허물을 벗듯 쓰러져 갔다."

이런 처지에서도 남편은 울지 않고 어머니가 끓여주는 미음 한 그릇을 다 넘기고는 쓰러졌다 다시 일어나기를 반복하면서 "어머니와 아들은 다시 탯줄로 이어진 형상을 하고 있었다. 어머니는 몸 안에 품은 자식 살리는 길을 잘 알고 있는 것 같았다. 눈물만으로는 살릴 수 없는 것이었다."

이 참담했던 시절의 화두를 작가는 「삶과 죽음의 경계가 사라진 곳- 미켈란젤로 「론다니니의 피에타」」에서 세련된 미학적 기교를 교직시켜 가며 펼쳐낸다. 실로 미술품을 통한 아름다움 찾기이자 그 아름다움이란 관능적이거나 관념적인 아닌 일상생활의 현실로 대치시킨 걸작이다.

'죽은 예수와 그를 안은 마리아'를 담은 조각상인 「론다니니의 피에타」는 세인들에게 "내가 바라다볼 수도 없는 거리 저편에 존재"하는 것으로 성스러운 신앙적 차원에서 바라보기 미련이다. 예수의 주검을 마리아가 안아 부축하는 수직 구도인 그 조각상은 보기에 따라서는 죽은 예수가 노쇠한 마리아를 업고 있는 것으로도 보였다. "모자의 얼굴 윤곽선도 흐릿했다. 분명한 것은 조각상 안에서부터 밀려 나오는 슬픔이었다. 그 애잔함만이 또렷한 모습으로 내 가슴에 푹 파고들었다."

이 조각상을 이영옥 작가 부부가 동시에 바라보다가 부군이 불쑥 신음처럼 토해냈다.

"나와 어머니를 보는 거 같아."
한동안 작품을 바라보던 남편이 낮은 목소리를 냈다. 이심전심이었다. 감상하는 내내 그이와 내가 같은 마음이었다는 것을 깨달으며 가만히 숨을 멈추었다.(「삶과 죽음의 경계가 사라진 곳- 미켈란젤로 「론다니니의 피에타」」)

부부는 피에타상 뒤편으로 돌아갔는데, "예수와 마리아

의 몸이 한 몸처럼 이어져 있었다. 그런데 그 모습이 더욱 가슴을 울렸다. 마치 그 모자에게 삶과 죽음의 경계는 부질없음을 말하고 있는 것 같았다."

예수와 마리아의 슬픈 얼굴을 가만히 올려다보았다. 그런데 모자의 얼굴에 절망만 있는 것이 아니었다. 예수는 그의 왼쪽 어깨를 잡은 어머니의 손에 얼굴을 부비고 싶어 하는 것 같았고 마리아 역시 그런 아들을 조심스레 내려다보고 있었다. 마치 어머니의 고통을 위로하고픈 예수의 모습이며 그런 아들에게 난 괜찮아 하고 속삭이는 마리아의 형상인 것 같았다.

남편은 그 앞에서 먹먹한 얼굴로 서 있었다.(위와 같은 글)

항암 6차와 방사선 32차 치료까지 무사히 마친 5월 어느 날 "어머니는 연두색 실크를 끊어 와 폭신하게 튼 솜을 넣고 손수 차렵이불을 만들었다. 대지의 봄 같은 연두색 이불을 덮고 건강하게 살아달라는 염원이 담긴 이불이었다."

이 작품에 등장하는 어머니란 시어머니 한춘자로 그녀에 대해서는 「한춘자표 김장김치」에 소상하게 묘사되어 있다. 시어머니뿐만 아니라 친정어머니에 대해서도 작가는 「안사돈들의 살벌 달콤한 동거」를 통해 "치매가 깊어진 시어머니와 짝 잃은 외기러기가 된 친정엄마의 동거"를 익살스럽게 그려준다. 작품「엄마의 양념게장」과「굴비와 바나나」등등에서도 따분해지기 쉬운 가족소재를 다루면서도 문학적 형상성을 생생하게 부각시키는 작가의 솜씨의 바탕에는「일어나, 힘들어도 지금 일어나」의 본능이 스며있음은 거듭 언급할 필요가 없다.

3. 아름다움에서 행복 찾기

「론다니니의 피에타」앞에서 부군의 항암치유의 고통을 연상한다는 건 중세였다면 필시 신성모독죄가 될지도 모르지만 미학사적으로 말하면 궁정이나 성당, 귀족들만이 향유했던 아름다움의 독점을 해방시킨 근대 미학의 쟁취물에 다름 아니다. 프랑스혁명사상의 교사였던 디드로는 "예술은 생활 속의 미의 재현이며 자연 속의 미의 재현"이라거나, "마음속의 관계에 대한 지각을 불러일으키는 모든 것은 미적인 것"이라고 하여 시민 누구나가 미의 향유권을 가질 수 있음을 갈파했다.

이영옥 작가의 작품 속에서 가장 찬연히 빛나는 일련의 작품군은 바로 일상생활에서 아름다움을 찾아내는 심미안이다. 이 작품집 제1부를 이루고 있는 예술적인 아름다움을 다룬 작품들, 세칭 '예술적 수필'이라고 분류되는 모든 글들은 너무나 섬세하여 독자들을 흡입한다. 한 작품마다 지닌 그 창작배경을 둘러싼 정확한 고증을 바탕 삼아 그 예술사적인 평가에 이르기까지의 탐사작업은 가히 우리 시대의 1급의 장인匠人다운 경지다. 더욱 감동적인 것은 어떤 명작도 작가 자신의 일상생활과 매우 가까운 촌수를 매길 줄 아는 차원에 이르고 있다는 점이다. 한 문장도 고치거나 빼낼 수 없는 잘 구워진 자기처럼 아름다운 작품들이다.

 이런 경지에 이르도록 만든 창작 비결은 「일어나, 힘들어도 지금 일어나」에서 발원하며, 그 일어나는 용기의 바탕에는 사람다운 책임 수행이 있고, 그 방법은 아름다움을 느끼며 살아가기이며, 이런 아름다움 찾기가 이 작가에게는 행복 찾기이기 때문이다. 따라서 이영옥 작가의 예술적 수필 쓰기는 고고한 성벽 안에 있는 명작이 아니라 일상생활 속 어디에서나 항상 존재한다. 지극히 현실적이고 실존적인 사단칠정四端七情으로 일상생활 속에서 행복 찾기가 곧 글쓰기가 된다.

 생활이 곧 예술이다라는 명제를 입증해준 작품이 「고흐를 찾아서- 아를 여행기」이다. 작가는 이 작품에서 자신의 창작세계를 진솔하게 고백한다.

> 일상에서 얻는 소재! 글의 소재도 나와 가까운 곳에서 구했을 때 더욱 진솔한 글이 되리라는 깨달음을 얻었다. 박물관 입구에 우뚝 선 사이프러스나무 앞에서는 나도 고흐처럼 태양을 향해 다가가는 불꽃이 되었고, 「자화상」이 걸린 병동에서는 아픈 마음을 싸안고 망연히 서 있었다.(「고흐를 찾아서-아를 여행기」)

생활의 예술을 주장하는 많은 이론들이 즐비하지만 정작 인간이 살아가면서 가장 중요한 의식주 중 약간 치사해 보이는 먹거리를 미학의 대상으로 가장 먼저 부각시킨 건 중국의 음양오행 사상일 것이다. 이를 뒷받침이라도 해주듯이 이영옥의 수필에는 먹거리를 다룬 소재들이 꽤나 있는 정도를 넘어 그 맛내기가 미학론과 행복론으로 직결됨을 감지할 수 있다. 먹거리를 다룬 글들은 앞에 언급한 가족들의 특식요리부터, 「황차, 노을을 품다」「새콤달콤 쌉싸름한 커피 이야기」 등 음료에 이르기까지 여러 작품에서 다뤄지고 있다.

먹거리를 다룬 글 중 「어둠 속의 빛- 고흐 「감자 먹는 사람들」」은 그래서 단연 돋보인다. "고흐가 인간에 대해 혼신을 기울여 연구했던 모든 것이 응집된 작품이며 완성하기까지 56회의 습작 과정을 거쳤다."는 이 명작에 대하여 고흐자신이 "언젠가는 「감자 먹는 사람들」이 진정한 농촌 그림이라는 평가를 받을 것이다. 그들 특유의 거친 속성을 살려내는 것이 더 좋은 결과를 낳을 것이다."라고 한 구절을 작가는 『반 고흐, 영혼의 편지』에서 찾아내 인용해준다. 그러나 정작 이영옥의 수필작품에서 감동적인 장면은 오히려 아래와 같은 묘사일 것이다. 너무나 멋지고 중요하기에 좀 장황하지만 그대로 옮겨본다.

진실하고 정직한 삶을 보여주고 있는 「감자 먹는 사람들」을 보고 있자면 문득 그 식탁은 우리 가족들로 채워지기도 한다. 화면 양옆에는 일제 강점기와 한국전쟁을 겪으며 고된 삶을 살아냈던 친정 부모님이 자리한다. 어둑한 저녁시간, 어머니는 둥근 상에 김이 오르는 찌개와 찬을 올렸고 언니들과 오빠, 동생이 그 상에 둘러앉았다. 다섯 개 숟가락을 반찬으로 채워주던 아버지와 "당신부터 잡숴요." 하면서도 흐뭇해하던 어머니였다. 나는 그 밥상에서 무한한 사랑과 함께 절제와 배려를 배웠다. 그리운 추억이다. 이 작품 앞에 서면 어김없이 가슴이 찌르르 울리며 훈훈해진다.

'나는 인류에게 어떤 도움을 줄 수 있을까.'

고흐가 죽는 순간까지 붙잡았다던 명제이다. 그가 인류에게 주고 싶다던 도움이 혹 그가 염원했던 '사람을 감동시키는 그림을 그리고 싶다'에 닿는 것이라면 나는 염화시중의 미소를 지을 것이다. 한파 몰아친 추운 겨울날 이 유채화 앞에서 이리 따뜻해지니 말이다.(「어둠 속의 빛- 고흐「감자 먹는 사람들」」)

이 작품은 적어도 두 가지 중요한 사실을 제기해준다. 하나는 위대한 명작이란 곧 보통사람들도 공감할 수 있는 감성의 향유라는 점이고, 다른 하나는 그 아름다움이란 인류 모두에게 행복감이나 위로를 줄 수 있어야 한다는 것이다.

이처럼 보통사람들의 삶 속에 녹아든 예술미를 그린 작품으로는 「「월광」에 색을 입히다」를 빼놓을 수 없다. 예술과 삶의 혼연일체를 이룬 이 걸작은 부군의 사구재를 치른 제주도의 선배 언니를 위로 차 찾아가는 구도형식을 취하고 있다. 서울 집에서 김포공항까지 손수 운전해 가면서 자동차의 플레이어에 꽂힌 베토벤의「월광」1악장을 듣는다. "선배는 어떤 표정일까. 그녀에게 무슨 말을 해야 할까. 그녀는 무슨 말을 할까. / 운전하는 내내, 숨 막힐 것같이 고요한 「월광」 1악장이 흘렀고, 그것을 연주하는 베토벤의 고뇌에 찬 모습 위로 그녀의 슬픈 얼굴이 오버랩 되어 앞창에 가득했다." 공항 주차장에 차를 세우면서 플레이어의 CD를 꺼내 캐리어에 넣어 제주도에 도착했다.

작가 자신의 선입견과는 달리 선배는 지인들과 웃거나 농담도 건네는 여유를 보이며 리더의 포스를 갖추고 있었다. "중년을 훨씬 넘긴 여인네들의 웃음소리는 마치 서로서로 어깨를 겯고 높은 파고를 넘으려 애쓰는 것 같았다."

선배의 집을 나오자 제주도 현장에 파견 근무 중인 부군의 차로 작가는 제주시로 돌아가며 챙겨온 CD를 플레이어에 넣자 「월광」 2악장이 흘러나온다. 베스트드라이버인 부군이 "요즘 이것만 듣네."라고 하자 "응, 맞아요."라고 응대하며, 베토벤이 이걸 작곡한 후 '하일리겐슈타트 유서'를 쓰곤 자살을 시도하다가 이내 아픔을 딛고 일어나 "당당하게 자신만의 길"을 찾은 사실을 연상하며, 홀로 된 선배도 어서 슬픔을 딛고 일상으로 돌아오기를 비는 마음임을 서술한다.

이튿날, 공항으로 오는 차에서 「월광」 3악장을 듣는다.

아르페지오의 공격적인 옥타브 스타카토 연타는 마치 천지에 번개와 천둥을 내리꽂는 것 같았다. 고통으로 피아노 앞에 몸을 웅크렸던 베토벤이 머리를 번쩍 들고 하늘을 향해 소리치는 것 같았다. 양손에 햇살을 쥐고 우뚝 서 아픔을 털어내고 있었다. 순간 내 심장이 뛰고 혈관이 펄럭거렸다. 베토벤, 결코 그와 같을 수는 없지만 우리 모두 태양빛 한 조각씩은 쥐고 태어났다. 액셀을 밟았다. 내가 이리 가슴을 조이지 않아도 선배는 이겨낼 것이다. 「월광」 3악장을 맑은 제주에 채우며 가는 길이 초록불로 뻥 뚫려 있다.(「「월광」에 색을 입히다」)

예술이 곧 생활임을 그 형식까지 안벽하게 갖춘 수작이다.

4. 미학의 최후 보루로서의 육신

아무리 생활이 예술이라고 우겨도 이를 다루는 솜씨와 품격에 따라 달라진다는 건 세상 이치와 다를 바 없다. 세계 미학사에 나타난 여러 사조들이 저마다의 심미안을 고집하지만 이영옥 작가가 선호하는 미학적 방법론은 「스푸마토 날개를 타고- 이중섭 「섶섬이 보이는 풍경」」에 잘 나타나 있다.

다빈치의 「모나리자」를 면밀히 관찰한 이 작가는 그림의

여주인공의 "검은 눈동자가 나와 마주치던 순간 그녀는 '따스한' 미소를 지어주었다"는 걸 감지한다. 아니, 이 신비의 여인이 "따스한 미소"라고!

그 이유를 이 작가는 다빈치의 "천재적 장치인 스푸마토 기법에 기인한 것임을 알았을 때 머릿속에서 뼁 소리가 났고, 순간 외계로 날아가 버리는 것 같았다."라고 돈오돈수의 찰나를 축약한다.

> 스푸마토란 화가가 윤곽선을 흐리게 지워 관람자의 머릿속에서 그림을 완성하게 하는 기법이다. 레오나르도 다빈치는 내 손에 슬쩍 붓을 쥐어주었고 나는 그녀의 미소를 '따스함'으로 마무리했던 것이었다. 아무리 오랜 시간이 지난다 한들 내가 그린 그림을 어찌 잊을 수 있으리오. 아마도 그녀의 미소는 천변만화하며 세계인의 가슴에 생생히 남을 것이다.(「스푸마토 날개를 타고- 이중섭「섶섬이 보이는 풍경」」)

실로 이 대목은 우주 섭리의 비의를 담아내는 듯하다. 모든 걸 존재하는 그대로 각자에 따라 자신의 감각대로 인식하라는 철리가 아닌가. 이를 작가는 화가 이중섭의 그림 앞에서도 느끼고는 이중섭이 작가에게 "쥐어주는 붓을 잡게 되었다."라고 표현한다.

　세상을 이처럼 스푸마토 기법으로 살아가노라면 실로 복마전 속에서도 행복의 미학이 넘쳐나지 않을까. 그러나 이처럼 스푸마토 기법으로 재주를 부려도 역시 넘지 못할 불행의 험산은 존재하는 게 오묘한 세상이치다.

　"심히 아름다운 것에는 반드시 심히 악한 것이 있다."(『좌전左传』)는 고언은 아름다움을 추구하느라 얼마나 세상이 타락하고 혼탁해져 버렸는가에 대한 충고다. 유미주의, 아름다움이 제일이라는 예술지상주의자들이 저지른 행위는 언뜻 보기에는 너무나 멋져 보여 빠져들기 십상이다.

　이런 유미주의의 입구 앞에서 서성거리는 작가가 부끄러움도 내던지고 과감하게 자신의 속내를 드러낸 작품이 「동거…… 할래요?- 이상 「권태」」와 「예술인가, 외설인가」이다.

　앞의 글은 이상의 퇴폐적이면서도 멋진 삶이 낳은 수필미학의 정수를 담아낸 「권태」를 날카롭게 해부한 작품이고, 후자는 중국 근대사를 배경으로 삼은 혁명과 반혁명을 오가는 성의 미학적 접근법인 영화 「색, 계」를 다룬다.

　이상을 다루면서 작가는 "마르셀 뒤샹의 「샘」에서도 맛보지 못했던 통쾌함"을 느낀다. "내게는 별이 천문학의 대상이 될 수 없다."는 이상이 "천상에서 '별빛은 연인들을 위한 사랑의 찬가'라고 했던 고흐와도 조우했을 것"이라고 유추하는 이 작가는 이 작품을 끝맺음을 이렇게 마무리한다.

> 이 우연한 만남을 계기로 그에게 한 걸음 다가가기로 마음먹어 본다. 하지만 과연 그 까다로운 남자가 나를 그리 쉽게 받아들여 줄 것인가? 열 번을 찍어도 헛공사가 될 것만 같다. 그렇다면 차라리 이런 발칙한 청을 들이밀어 보는 게 나을지도 모르겠다. "동거…… 할래요?"(「동거…… 할래요?- 이상 「권태」」)

물론 미학방법론에서의 동거이긴 하지만 아찔하다. 한 발만 잘못 내디디면 금홍이가 될 수는 있는 이 갈림길에서 이영옥 작가는 「예술인가, 외설인가」를 쓴다.

「색, 계」를 영구 소장용으로 담아놓고 뭔가 써보려던 참에 남편이 "「색, 계」? 이 여사님, 야한 영화를 소장하셨어요."라며 짓궂은 표정으로 자신을 쳐다보자 엉겁결에 "아니거든요, 작품성이 있어서 소장했거든요."라 응대했다. 그러면서도 "귀까지 빨개지며 극구 변명을 하다가 마침내 결심했다. 오래 묵힌 이 작품을 꺼내 내 마음의 바구니에 담아야겠다."는 각오로 쓴 게 이 작품이다.

중일전쟁이 한창인 1940년 상하이는 민족해방투사와 일제의 앞잡이인 배신자가 뒤얽힌 요지경이었다. 미모의 여인 왕자즈는 지하공작원으로 반민족 악당인 이모창을 살해하고자 성관계로 접근한다. 악당은 어떤 미모의 여인과도 육체적인 쾌락만 취하고자 "적을 다루듯 무자비하고 폭력적이며 배설에 불과한 행위"에 익숙하다.

악당과는 대조적인 선량한 여인은 오히려 그런 남성의 사디즘적인 정사에 당황해하면서도 본래의 사명인 그를 유인해 살해하려는 목적에 다가가고 있음에 만족한다. 그러나 두 번째 정사를 통해 육체적인 쾌락의 열쇠가 악당에 대한 사랑의 감성으로 빠끔하게 문을 열어준다는 낌새에 소스라치지만 사명감을 잊을 단계는 아니었다. 이어 세 번째 성행위에서 여인은 무너져 버리고, 악당 남자 역시 이심전심의 정복감으로 둘 다 황홀경에 도취한다. 이 육욕의 결말을 작가는 이렇게 묘사한다.

그리고 그녀를 진심으로 사랑하게 된 이모창은 선물을 준비했다. 왕자즈와 이모창이 다이아몬드 숍에 가기로 한 날, 애국단체 요원들은 그를 암살하기로 계획한다. 권총을 찬 동지들이 숍 안팎을 에워싼 가운데 그녀는 이모창의 곁에 앉았다. 거기에는 사랑의 증표가 기다리고 있었다. 그의 마음이 담긴 반지를 끼는 여자의 흔들리는 눈동자가 촉촉해진다. 그리고 따스한 눈빛으로 "널 지켜줄게." 말하는 그에게 왕자즈는 속삭인다.

"가요, 도망가요."

그녀는 그것이 자신을 향한 죽음의 메시지인 것을 잘 알고 있다. 왕자즈는 사랑을 택한 것이다.

새카맣게 어두운 밤, 왕자즈는 채석장에서 동지들과 총살을 당하고 이모창은 그녀의 침대에 앉아 망연자실한다.(「예술인가, 외설인가」)

이런 영화의 결말 앞에서 작가는 "내게 「색, 계」는 예술이다."라고 담담하게 말한다. 여기에는 이상과 동거할래?라고 물었던 아름다움이 지닌 유인의 위력을 이 속세에서는 충분히 자행될 수 있다는 객관적인 인식에 다름 아니다. 말하자면 이 작가로서는 그게 인간의 책무를 저버린 행위이긴 하지만 쾌락에 빠져서 배신한 여인의 처지도 이해는 할 수 있다는 미학적 관용주의라는 뜻이다.

「색, 계」는 플로베르의 소설 『살랑보』를 연상케 한다. 로

마의 침략 앞으로 위기에 처한 카르타고는 고용했던 외인부대의 반란까지 겹쳐 바람 앞에 등불 처지였다. 반군은 리비아 출신의 마토 군과 누미디아 왕 나라바스 군으로 양분되어 있는데, 마침 마토는 카르타고의 명장 한니발의 여동생 살랑보에 빠져 있었다. 마토가 그녀를 유인하려고 카르타고의 수호신인 달의 여신 성의聖衣를 훔쳐 가자 그 반환을 위해 살랑보를 보냈다. 둘은 목적이 다른 정욕을 불태웠고, 살랑보는 그 성의를 되돌려 받아 돌아왔으나 반란군의 침공까지는 막을 수 없었다. 이때 반란군 나라바스가 살랑보를 아내로 맞는다는 조건으로 귀순하면서 사태는 급진전하여 마토는 포로가 되었다. 나라바스와 살랑보의 결혼식 날 마토는 처형당했는데, 이 참경을 본 살랑보는 기절한 채 죽음을 맞는다는 결말이 플로베르의 미학적인 판단이다.

 이런 미학적인 희생자들은 역사에 즐비하고, 이를 실현하려고 자신의 일생을 불행하게 끝낸 미학적 순교자들 또한 엄청나다. 이 작가의「고흐, 찬란하고 처절했던 마지막 7년- 영화「고흐, 영원의 문에서」」「빛의 뮤즈, 카미유-「임종하는 카미유 모네」앞에서」「「친구의 초상」- 이상과 구본웅」등등은 다 이런 미학적 순교자들을 다룬 걸작들이다. 참담한 미학적 순교자들의 희생을 통해 세상 사람들이 위로

와 용기를 얻는 것은 그만큼 미학이 지닌 삶의 절실성을 반증하는 것이다.

 이영옥 작가의 주제와 소재가 멋진 다른 작품들도 많은데, 예술적 수필의 매력에 취하여 쓰다 보니 너무 길어져 버렸다. 2,3,4부의 쌈빡한 작품들에도 많은 독자들이 깊은 애정을 보내주기 바란다.

임헌영/ 문학평론가

추천사

  이영옥 작가의 산문들은 대개가 인정세태를 소재로 한 것들로서 읽는 이의 마음에 잔잔한 감동의 물결을 일게 한다. 숭늉처럼 구수하고 삼색나물처럼 깔끔한 향취가 눈맛을 돋군다.
  요란하게 치장하지 않고 단아하게 꾸며 서사를 진행해 나가고 있는 글들은 어떤 땐 웃음을, 어떤 땐 눈가에 맑은 이슬을 맺히게 한다.
  가족서사를 다룬 글들을 읽다 보면 우리가 가파르게 사느라 잃어버린 사람의 정을 자연스레 떠올리게 되는데 이는 참으로 귀한 글의 덕목이 아닐 수 없다.

  구성이 탄탄하고 문체/문채도 맛깔스럽다. 작가의 역량이 예사롭지 않다. 글의 바느질이나 누비는 솜씨가 찬찬하고 꼼꼼하여 헐한 데가 눈에 띄지 않는다. 맺고 끊는 것을 알아 야무지게 갈무리하는 재능을 유감없이 발휘하고 있다. 거기다 이야기들은 하나같이 흥미진진하다.

  이영옥 작가는 긍정적 마인드로 세계와 대상들을 바라보고 인식하는 세계관을 지닌 듯하다. 이는 작가 고유의 개성인데 그것이 감동과 울림을 동반함으로써 독자들의 세계에까지 영향을 끼치니 이는 글의 보약이 아닐 수 없다.

이재무/ 시인